読者限定

ことりっぷ co-Trip

香川

小豆島・アートな島々

電子書籍が
無料ダウンロード
できます♪

電子書籍のいいところ

購入した「ことりっぷ」が
いつでも
スマホやタブレットで
持ち運べますよ♪

まずは
ことりっぷアプリを
ダウンロード

詳しくは裏面で

いってきます。

香川に行ったら…

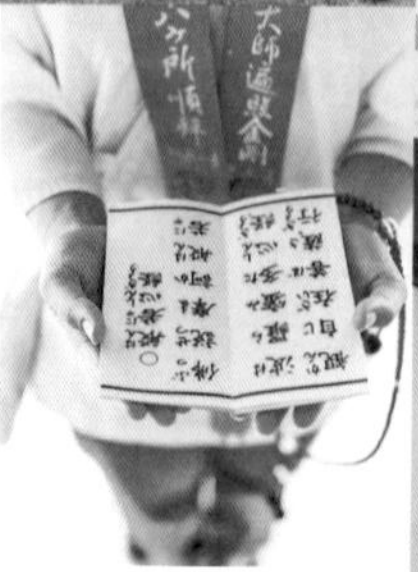

香川に着きました。

さて、なにをしましょうか？

町の景色とアートが融合する日本でいちばん小さい県。うどん以外の魅力も満載です。

町や島の風景に現代アートが溶け込む香川県。小豆島の絶景めぐりや、瀬戸内海の島々のアートトリップ、個性豊かな美術館や巨匠建築、風光明媚な特別名勝 栗林公園での散策など、讃岐の美景を楽しめる見どころがいっぱい。不思議なパワーに満ちた金刀比羅宮でのしあわせ参りも忘れずに。

道の駅 小豆島オリーブ公園のオリーブ畑を散策。国産オリーブ発祥地ならではの風景が広がります。P.16

check list

- □ オリーブパークを散策 P.16
- □ 宮浦港周辺をのんびりさんぽ P.40
- □ 特別名勝 栗林公園へ P.60
- □ 高松の建築&アートなスポット P.70
- □ こんぴらさんへ、しあわせ参り P.90
- □
- □
- □
- □

草間彌生『赤かぼちゃ』2006年 直島・宮浦港緑地

瀬戸内海に浮かぶ直島では、美術館や屋外アートが点在。島のいたるところで名作に出会えます。P.40

栗林公園で、四季を感じる庭園を鑑賞しましょう。風光明媚な景色に思わずうっとり。P.60

しあわせを願いながら長い石段を登る金刀比羅宮へ。境内にあるアートスポットやカフェにも立ち寄りを。P.90

香川には巨匠が手がけた建築が点在しています。見ごたえのある建築や美術館をめぐりましょう。P.70・72

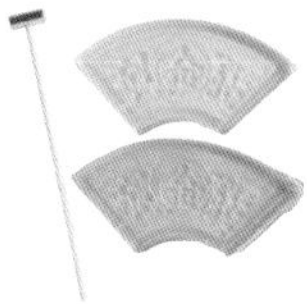

香川に行ったら…

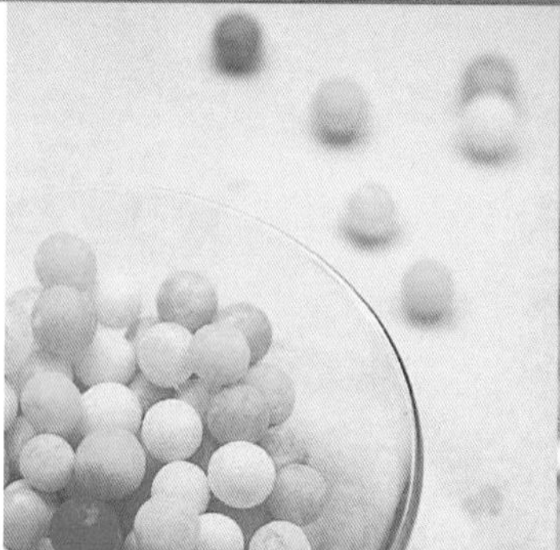

なにを食べましょうか？

がもううどんでは、田園風景を眺めながら、青空の下でおいしいうどんを味わえます。 P.62

**うどんに鳥料理、どんぶり…
県民食の域を超えた
ご当地フードをいただきます。**

うどん消費&店舗数が日本一のうどん県。人気店の味からユニークな一杯まで、バラエティ豊かなさぬきうどんを食べ比べ。さらにご当地グルメや郷土料理も充実しています。観光やうどんタイムの合間には個性が光るカフェでゆったり過ごしましょう。

香川の郷土料理「あんもち雑煮」や地元で味され続ける味もいただきましょう。 P.84

check list

- ☐ とっておきの島ごはん P.22
- ☐ さぬきうどんを召し上がれ P.62
- ☐ かわいいおうどん、贅沢うどん P.66
- ☐ ロケーションカフェ P.82
- ☐ 地元で愛されるご当地の味 P.84
- ☐

なにを買いましょうか？

讃岐おもちゃ美術館shop.cofeには、香川の手仕事のアイテムがそろいます。 P.76

道の駅 小豆島オリーブ公園の雑貨コリコにはすてきなアクセサリーが並びます。 P.17

**日々の暮らしに溶け込む
おしゃれな伝統工芸品。
多彩なオリーブアイテムにも注目です。**

おだやかな気質の地元作家の手から生み出される、ふんわりとした色合いや手触りの讃岐手まりや張子といった、メイドイン香川のアイテム。そして銘菓やおやつ、小豆島特産のオリーブを使った商品など、自分用にもおみやげにも買いたいものがたくさんあります。

check list

- ☐ オリーブアイランドで見つけたアイテム P.26
- ☐ 小豆島のとっておきみやげ P.28
- ☐ ライフスタイルショップでお買いもの P.74
- ☐ メイド・イン香川のクラフト P.76
- ☐ 素朴な味わいのおやつ P.94

今週末、2泊3日で香川へ

1日目は小豆島でのんびり過ごし、2日目は高松でさぬきうどんや観光、ショッピングを楽しみましょう。3日目は丸亀でアート鑑賞や注目の水族館へ。充実の香川旅のはじまりです。

1日め

10:00

JR高松駅に到着。まずは駅前の**香川・高松ツーリストインフォメーション**P.54で情報収集。そしてベイエリアにある『**Liminal Air-core-**』P.56の前で記念撮影も。

※イメージパース

高松港にあるカラフルな作品
大巻 伸嗣『Liminal Air-core-』

10:30

高松港からフェリーで小豆島(土庄港)へ。島内はバスで移動を。

13:00

小豆島産オリーブをふんだんに使った**OLIVAZ** P.17で島ごはんをいただきます。

オリーブのアクセサリーはおみやげにぴったりです

14:00

ギリシャ風の建物がフォトジェニックな**道の駅 小豆島オリーブ公園** P.16・27へ。おみやげも見つけましょう。

16:00

『オリーブのリーゼント』や、**GEORGES gallery**、**KOHIRA café**など島内のアートスポットをめぐりましょう。P.30

17:30

日本料理・島宿真里 P.32に宿泊。夕食の醤油会席や自家源泉の温泉を楽しみます。

2日め

9:30

土庄港観光センター P.27で、小豆島みやげを探しましょう。

オリーブ
みやげが
充実♪

10:00

小豆島(土庄港)からフェリーで高松港へ。

12:30

昼食は**竹清** **P.68**でさぬきうどんを。トッピングは卵の天ぷらが定番です。

14:00

四国を代表する天下の名園、特別名勝 **栗林公園** **P.60**を散策。四季の花に心が癒やされます。

15:30

瀬戸内メイドの食品や民芸品をセレクトする**まちのシューレ963** **P.74**でショッピング。

16:30

ベイエリアの複合施設、**北浜alley** **P.58**で、スイーツを食べたり、おみやげを探したり。個性あふれるお店がそろいます。

17:00

今夜のお宿は、**瀬戸内ステイ 北浜住吉** **P.102**。町家の趣ある空間に癒やされます。

18:30

宿のチェックインをすませたら、夕食は**たべごとや 艸** **P.86**で、瀬戸内の幸をいただきます。

3日め

10:00

2日目はJR高松駅から電車で約25分のJR丸亀駅へ向かいます。

(写真／高橋章)

11:00

まずは**丸亀市猪熊弦一郎現代美術館** P.72で、色彩豊かな作品を鑑賞しましょう。

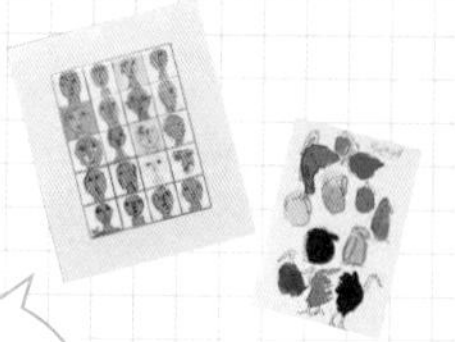

アートなアイテムをお買い物♪

12:30

県内各地のさぬきうどんを食べ比べ♪JR宇多津駅の近くにある**おか泉** P.65でランチタイム。

13:30

瀬戸内海に面した**四国水族館** P.97へ。四国の川や海に生息する生き物を観賞したら、併設のカフェでプチブレイク。

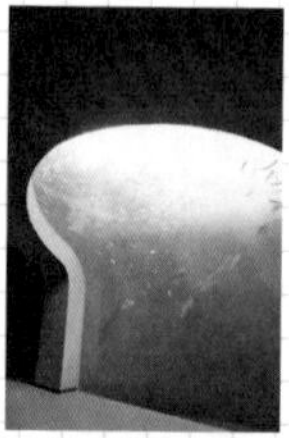

(画像提供：四国水族館)

15:30

JR宇多津駅からJR高松駅へと戻ります。

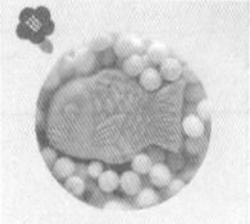

16:00

旅の最後は、JR高松駅に隣接する**四国ショップ88** P.78でおみやげ探し。和三盆糖やおいりは香川みやげの定番です♪

16:30

JR高松駅から帰りましょう。

プランづくりのコツ

小豆島への船便は、高松港⇔土庄港(小豆島)は1時間に1便、高松⇔坂手港(小豆島)は1日に2～3便。小豆島内はバスが1時間1～3本運行しています。いずれも事前に時刻を確認して、プランニングしましょう。高松港の周辺には、JR高松駅やホテル、飲食店があり、交通&観光の拠点としてにぎわいますよ。

1日め

JR高松駅
↓
フェリーで小豆島へ
↓
OLIVAZで島ごはん
↓
道の駅 小豆島オリーブ公園へ
↓
島内のアートスポットをめぐる
↓
日本料理・島宿真里にステイ

2日め

土佐港観光センターでおみやげ探し
↓
フェリーで高松へ
↓
竹清でうどんランチ
↓
栗林公園を見学
↓
まちのシューレ963でお買い物
↓
北浜alleyでカフェタイム
↓
瀬戸内ステイ 北浜住吉にチェックイン
↓
たべごとや 艸でよるごはん

3日め

JR高松駅からJR丸亀駅へ
↓
丸亀市猪熊弦一郎現代美術館で鑑賞
↓
JR丸亀駅からJR宇多津駅へ
↓
おか泉でうどんランチ
↓
四国水族館でかわいい生き物に出会う
↓
JR宇多津駅からJR高松駅へ
↓
四国ショップ88でおみやげ探し

my memo

ことりっぷ co-Trip **香川** 小豆島・アートな島々

CONTENTS

兵庫県
岡山県
香川県
徳島県
愛媛県
高知県
岡山桃太郎空港
有漢
高梁SA
賀陽
伯備線
高梁川
岡山総社
岡山駅
倉敷
倉敷Jct
山陽道
小田川
玉島
鴨方
早島
岡山平野
水島
宇野駅
児島
瀬戸大橋
瀬戸中央自動車道
山陽本線
山陽新幹線
山陽自動車道
和気
備前
赤穂
赤穂線
播磨Jct
龍野西
龍野
鹿久居島
家島
西島
男鹿島
長島
前島
小豆島
犬島
豊島
直島
男木島
女木島
男木島・女木島
瀬戸内海
本島
北木島
手島
広島
佐柳島
高見島
粟島
志々島
高見島・粟島
丸亀・宇多津
坂出
坂出Jct
高松
高松駅
高松檀紙
高松中央
高松西
讃岐平野
高松空港
仏生山
高松街道
善通寺
琴平
琴平駅
三豊
三豊鳥坂
さぬき豊中
観音寺
志度
津田寒川
津田の松原SA
津田東
さぬき三木
高徳線
讃岐街道
白鳥大内
引田
高松自動車道
鳴門
鳴門Jct
板野
上板SA
土成
藍住
徳島
吉野川
脇町
撫養街道（川北街道）
徳島自動車道
徳島線
美馬
吉野川SA
猪ノ鼻峠
大野原
豊浜SA
予讃線
川之江Jct
川之江東Jct
三島川之江
井川池田
伊予街道
新宮
高知自動車道
笹ヶ峰峠
見ノ越
三嶺
剣山

高松港から高速船に
揺られて約30分。
潮風に誘われて
訪れた小豆島。

風にそよぐオリーブの木
波おだやかな瀬戸内海
どこか懐かしい町並み

心を潤す島の風景が
そこにはありました。

小豆島

船に乗って小《しょう》豆《ど》島《しま》へ。
きらめく海を眺めるだけで素敵な旅の予感。
オリーブの木と海が織りなす景色と
ノスタルジックな町並みに
心がゆるやかにほぐされていきます。
春も夏も秋も冬も、行くたびに違う表情を見せてくれる
とっておきの島リゾートへ。

小豆島を さくっと紹介します

瀬戸内海に浮かぶ、温暖な気候の島・小豆島。
周囲約126kmのこの島には、山や海、パワースポットなど見どころがいっぱい。
島ならではのゆるやかな時間の流れにも癒やされます。

小豆島ってこんなところ

小豆島は瀬戸内海で二番目に大きな島。主な観光地へは路線バスで行けますが、効率よく移動するなら車の方が断然便利。小豆島のメイン玄関は、高松港からフェリーで約1時間の土庄港です。港周辺にはレンタカーの営業所が7店あるほか、土庄港フェリーターミナル前から小豆島オリーブバスが7路線運行しています。

〈問い合わせ先〉
小豆島観光協会　☎0879-82-1775

高松からのアクセスは？

高松港からはフェリーと高速艇が出ており、時間と値段が異なります。また、土庄港、池田港の2港に着く船があるので、目的地によって選びましょう。高松東港からは坂手港へのフェリーも運航しています。岡山県の新岡山港、兵庫県の姫路港、神戸三宮フェリーターミナルからもフェリーが出ています。

港	なにで？	所要時間	便数	料金
土庄港	フェリー	1時間	15便	700円
	高速艇	35分	15便	1400円
池田港	フェリー	1時間	11便	700円
坂手港	フェリー	1時間15分	2～3便	700円

※坂手港は高松東港からの便

〈問い合わせ先〉
・小豆島フェリー（土庄港行き）　☎087-822-4383
・小豆島フェリー（土庄港行き、高速艇）
☎087-821-9436
・国際両備フェリー（池田港行き）　☎0879-75-0405
・ジャンボフェリー（坂手港行き）　☎087-811-6688

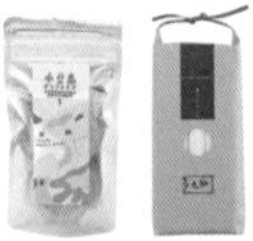

船が行き交う
メインターミナル

土庄港周辺

とのしょうこうしゅうへん

P.19・21

入り組んだ路地が続く「迷路のまち」に、「エンジェルロード」など見どころがいろいろ。

地中海ムード漂う
オリーブ畑を満喫

オリーブ公園周辺

オリーブこうえんしゅうへん

P.16

道の駅 小豆島オリーブ公園の周辺はオリーブ畑が多い。5月下旬からは白い可憐な花が、9月には実が見られる。

P.18

心がほっと癒やされるのどかな里山の風景

中山千枚田《なかやませんまいだ》

いく段にも重なる棚田が印象的。田植えの初夏から稲穂実る秋までがとりわけ美しい。

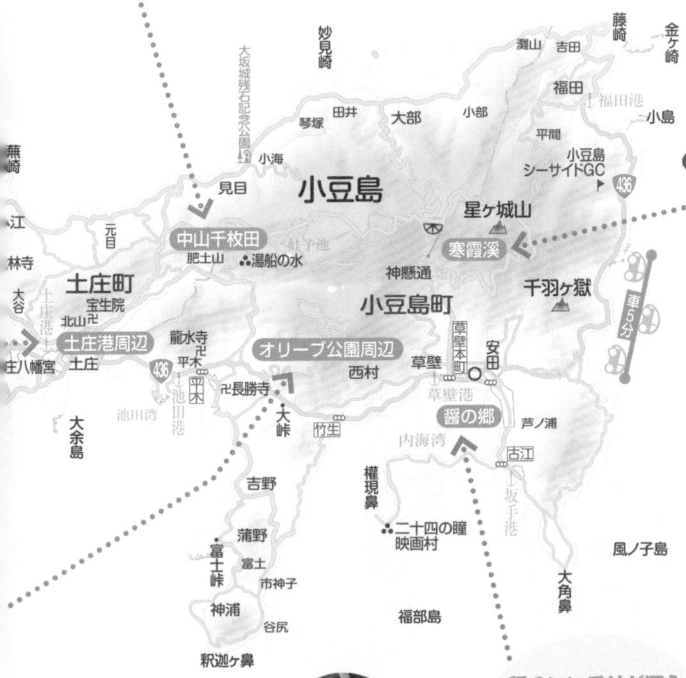

P.18

息をのむほどの渓谷美四季折々の表情も魅力

寒霞渓《かんかけい》

日本三大渓谷美と称される見事な景観。ロープウェイやハイキングで楽しむことができる。

醤のいい香りが漂う風情たっぷりの場所

P.21

醤の郷《ひしおのさと》

醤油の醸造工場が並ぶ「醤の郷」。レトロな町並みの散策が人気を集めている。

国産オリーブの発祥地、小豆島で緑に包まれるオリーブパークを散策

**小豆島を訪れたなら、まずはオリーブがテーマの道の駅へ。
緑のなかを散策したり、オリーブグルメを味わったり…。
その魅力を思う存分、体感してみませんか。**

オリーブの島と呼ばれるワケ

地中海沿岸に気候が似た小豆島は、国産オリーブの発祥地。110年以上前から栽培が始まり、今では島内に約5万本が茂る。

オリーブ色のポストを発見♪オリーブ記念館ではがきを買って投函を

オリーブサイダーフロート550円。青りんごのような爽やかな味わい

5月下旬から6月上旬はオリーブの白い花が見ごろ

ギリシャ風車が公園のシンボル

**瀬戸内海を望む丘に建つ
オリーブ畑に包まれた道の駅**

道の駅 小豆島オリーブ公園

みちのえきしょうどしまオリーブこうえん

約2000本のオリーブや多彩なハーブが植えられた広大な敷地に、売店やレストラン、温泉などが点在。実写版映画『魔女の宅急便』のロケセットが移築された雑貨店があることから「魔法のほうき」を無料で貸し出ししており、園内のどこでも撮影が楽しめる。

☎0879-82-2200 ⌂小豆島町西村甲1941-1 🕒8:30～17:00（店舗により異なる） 休無休（店舗により異なる） Pあり バス停オリーブ公園口から徒歩7分 MAP付録② B-2

ハート型のオリーブの葉で幸せに？

2枚の葉がくっついたハート型のオリーブの葉を見つけたら幸せになれるといわれています。散策途中に探してみてくださいね。

園内のオリーブグルメ＆オリーブ雑貨はコチラ

OLIVAZ
オリヴァス

海を眺めながら、小豆島産オリーブオイルをたっぷり使った料理が味わえる。店内のアートスポットでは、記念撮影も忘れずに。

🕒11:00～ 14:00 休 火曜

オリーブオイルを使ったサラダピザ 1280円

店内にあるアートな一角「いろいろきいろ」

スペインの郷土料理、チリンドロンライス 1320円

雑貨コリコ
ざっかコリコ

実写版映画『魔女の宅急便』のロケセットを利用した店。店内にハンドメイドのフラワーアクセサリーが並び、オリーブアイテムは特に人気が高い。

🕒9:00～ 17:00 休 無休

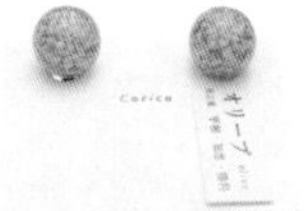

オリーブ イヤリング2000円～ 本物のオリーブの花を使ったアクセサリー

花畑のなかに建つ小さな雑貨店

キキをイメージしたほうきをレイアウト

MYオリーブオイルを作ってみました

まずは世界各国のオイルをテイスティング

ベースの味を決めて好みの味にブレンド

完成♪

瓶に注いで、ラベルを貼って完成

体験はこちら

オリーブがテーマの複合施設

小豆島オリーブ園
しょうどしまオリーブえん

オリーブ栽培や加工まで行う農園に、ショップやレストランを併設。日本最古の原木もある。

☎0879-82-4260 ⌂小豆島町西村甲2171
🕒8:30～ 17:00 休 無休 ¥ 入園無料 P あり
👣バス停オリーブヶ丘からすぐ MAP 付録② B-2

受付時間 9:00～、10:00～、14:00～、15:00～（1日4回、前日までに要予約）
所要時間 約40分
料金 1500円
休み 不定休

道の駅 小豆島オリーブ公園の隣に小豆島現代美術館MOCA OLIVE MAP 付録② B-2 がオープンしました。

海、山の自然が広がる癒やしの絶景ドライブ

海と山に囲まれ、豊かな自然に育まれた小豆島では、美しい景色があちらこちらで見られます。フェリーで島に到着したら、ドライブ旅に出発です。

ぐるっと回って

6時間

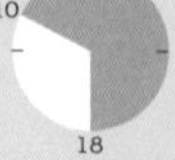

おすすめの時間帯

島内に見どころが点在するため、車でめぐるのがおすすめ。メインポートである土庄港周辺のレンタカーを利用しよう。寒霞渓では、ロープウェイで展望台を目指しましょう。

1中山千枚田の水源は名水百選の「湯船の水」 2エンジェルロードの全景は約束の丘から見渡せる 3寒霞渓の岩肌が目の前に 4道の駅 小豆島オリーブ公園P.16の風車で記念撮影を 5 6こまめ食堂の「ワッフルコーンアイス(醤油)」600円と「しそジュース」500円 7西之瀧 龍水寺から多島美を望む

車で30分

ダイナミックな渓谷美

1 寒霞渓《かんかけい》

1300万年以上前の火山活動で形成され、約200万年にわたって浸食された渓谷。春は新緑、秋は紅葉と季節ごとの表情を見せる。

景勝地 ☎0879-82-2171(寒霞渓ロープウェイ) 小豆島町神懸通327-1(紅雲亭) 見学自由(ロープウェイは8:30～17:00、時期により変動あり) 休 無休 ¥ ロープウェイ片道1200円～ P あり 土庄港から車で45分(紅雲亭) MAP 付録② B-1

日本三大渓谷のひとつと称される、代表的な景勝地

のどかな里山の原風景が広がる

2 中山千枚田《なかやませんまいだ》

標高150mから250mの斜面に、約800枚の棚田が並ぶ美しい景色。田植えの初夏から、黄金色に染まる秋までがベストシーズン。

景勝地 ☎0879-82-1775(小豆島観光協会) 小豆島町中山 見学自由 P あり バス停春日神社前からすぐ MAP 付録② B-1

急峻な山腹に青々と稲が茂る夏の風景

夕日の名所「夕陽ヶ丘」にも立ち寄りを

県道27号線（小豆島スカイライン）沿いにある、夕陽スポットへ。瀬戸内の島々や、対岸には岡山の海岸線まで見られることもあります。
MAP 付録② A-1

徒歩すぐ

田んぼを眺めながら味わう棚田米

3 こまめ食堂《こまめしょくどう》

中山千枚田を望む食堂。棚田で育てた米を名水「湯船の水」で炊きあげ、おにぎりに。定食のほか自家製スイーツも楽しめる。

食堂 ☎080-2984-9391 ⌂小豆島町中山1512-2 ⏰11:00～14:00 休 火・木曜 P あり 🚶バス停春日神社前からすぐ MAP 付録② B-1

手作りジャム入りマフィンも人気
1個260円

おにぎりに汁物や小鉢が付く、棚田のおにぎり定食1800円

車で15分

小豆島最古を誇る山岳霊場

4 西之瀧 龍水寺《にしのたきりゅうすいじ》

山岳霊場のひとつで、本堂奥の岩窟には弘法大師の加持水といわれる瀧水が湧く。護摩堂からは美しい瀬戸内の景色を望む。

寺院 ☎0879-75-1818 ⌂小豆島町池田大石558 ⏰8:00～17:00 休 無休 ¥ 拝観無料 P あり 🚶池田港から車で10分 MAP 付録② A-2

崖の上にそそり立つ護摩堂からの眺め

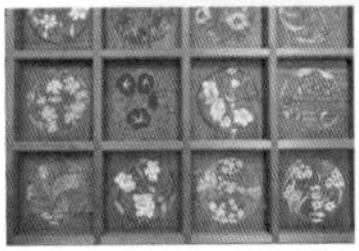

美しい天井画も見どころのひとつ

車で20分

1日2回だけ見られる幸せの道

5 エンジェルロード（天使の散歩道）《エンジェルロードてんしのさんぽみち》

弁天島と中余島の間で、1日2回引き潮のときに現れる砂の道。「恋人の聖地」として知られ、大切な人と手をつないで渡ると願いがかなうとか。

景勝地 ☎0879-82-1775（小豆島観光協会）⌂土庄町銀波浦 ⏰見学自由 P あり 🚶バス停国際ホテル（エンジェルロード前）から徒歩5分 MAP 付録② A-1

約束の丘展望台にある幸せの鐘

夕暮れ時はよりロマンチックな雰囲気に

エンジェルロードは干潮の前後約2～3時間は歩いて渡れます。干潮時間は「小豆島観光協会」のHPで確認を。

映画のロケ地から醤油蔵が並ぶ町並みまで 懐かしくてかわいい、レトロな島さんぽ

**昭和レトロな世界にタイムスリップできるスポットや
400年以上の歴史をもつ醤油蔵が建ち並ぶ「醤《ひしお》の郷」など、
小豆島には昔ながらの懐かしい場所が多く残っているんです。**

教壇や机が当時のままの姿で残る

小説の舞台になった木造の学校へ

岬の分教場

みさきのぶんきょうじょう

壺井栄の小説『二十四の瞳』の舞台となった場所。1971（昭和46）年までは苗羽《のうま》小学校田浦分校として使われていた。木造の教室や廊下を見学でき、タイムスリップ気分が楽しめる。

☎0879-82-5711（二十四の瞳館）
🏠小豆島町田浦甲977-1 🕘9:00〜17:00 休 無休 ¥ 入場料330円〜（二十四の瞳映画村とのセット券950円〜） P あり 🚶バス停田ノ浦からすぐ MAP 付録② B-2

大切に保存された貴重な木造建築

昭和レトロな町並みを散策

二十四の瞳映画村

にじゅうしのひとみえいがむら

映画『二十四の瞳』のロケ用オープンセットを改築した日本映画と文学のテーマパーク。昭和30年代の映画館を再現したギャラリーや壺井栄文学館など見どころが点在する。

☎0879-82-2455 🏠小豆島町田浦甲931 🕘9:00〜17:00 休 無休 ¥ 入村料850円〜（岬の分教場とのセット券950円〜） P あり 🚶バス停映画村からすぐ MAP 付録② B-2

ギャラリー松竹座で名作映画を予習、復習できる

目の前の海岸沿いを散策

レトロな食器で懐かしい給食を

1

2

3

4

醤油の資料館「マルキン醤油記念館」へ

醤油の歴史や製法について展示する資料館。しょうゆソフトクリーム300円が名物です。

☎0879-82-0047 ⌚9:00～16:00（時期により変動あり） 休不定休 MAP付録② B-2

150年前からの大杉樽で仕込む

ヤマロク醤油

ヤマロクしょうゆ

創業当時からの大杉樽で醸造する醤油はコクがありまろやか。蔵の杉桶や柱には酵母がびっしりつき、歴史を感じさせる。蔵見学もできる。

☎0879-82-0666 ⌂小豆島町安田甲1607 ⌚9:00～17:00 休無休 ¥見学無料（予約不要） Pあり 👣バス停安田上から徒歩10分 MAP付録② B-2

見学後のお楽しみ♪

黒豆入りの醤油プリン（週末限定）440円

大杉樽は直径約2m30cmもある

酒蔵の「おいしい」を発信

フォレスト酒蔵 MORIKUNIギャラリー

フォレストさかぐらモリクニギャラリー

島で唯一の酒蔵に併設する、ショップ&カフェ。日本酒の販売や、杜氏の朝食をアレンジしたランチなどが楽しめる。

☎0879-61-2077（小豆島酒造） ⌂小豆島町馬木甲1010-1 ⌚11:00～17:00（ショップは9:00～） 休木曜 Pあり 👣バス停馬木から徒歩3分 MAP付録② B-2

佃煮工場を改装した店内

併設のベーカリーをチェック

MORIKUNI BAKERY

モリクニベーカリー

酒米の米粉や酒粕を使ったコッペパンやスコーンを販売。イートインもできる。

☎0879-62-9737

⌚9:00～ 17:00 休火～木曜

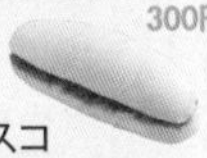

大吟醸酒粕あんこ300円

ここにも立ち寄り

昭和レトロな町でアートなおさんぽ

妖怪美術館

ようかいびじゅつかん

呉服屋の蔵や元醤油蔵の倉庫などを再生した4館をめぐる美術館。妖怪にまつわる作品を展示する。

☎0879-62-0221 ⌂土庄町甲398 ⌚9:00～21:00（木曜は～17:00） 休水曜 ¥入館料2900円～ Pあり 👣土庄港から徒歩15分 MAP付録② A-1

徒歩圏内に個性豊かな4つの美術館がある

妖怪アートを探しながら島さんぽ

1映画村に建築された苗羽小学校田浦分校のロケセットを見学 2ブックカフェ「書肆海風堂」では瀬戸内海の本などを読むことができる 34レトロな町並みを散策 5「漁師の家」には、瀬戸内国際芸術祭のアート作品を展示P.31 67昭和レトロな建物が建つ（すべて二十四の瞳映画村）

妖怪美術館の周辺は、古くからの入り組んだ路地が残ることから「迷路のまち」といわれています。

小豆島の恵みを心ゆくまで味わう とっておきの島ごはん

**オリーブオイルや醤油など、豊かな島の恵みを生かした、
新鮮でおいしい島ごはんはいかがですか。
素敵なロケーションでランチタイムを過ごしましょう。**

県産小麦の風味豊かな生地と 島食材が織り成すピザを味わう

kamos カモス

香りがいいうどん用の県産小麦「さぬきの夢」と、島の麹店の麹酵母を使い、石窯で焼き上げるピザ生地は、カリッ、さくっ、もちっとした食感。地産地消にこだわり、トッピングにはしらすやグリーンレモンを使用。

☎0879-62-8731 住土庄町甲吉ヶ浦6190-80 時11:00～14:00 休月曜（祝日の場合は翌日休）、不定休 Pあり 交土庄港から徒歩7分 MAP付録② A-1

1焼いている姿が見られるオープンキッチン 2瀬戸内しらすと小豆島レモンの瀬戸内ピザ1800円。小麦とレモン、しらすの風味が口のなかに広がる 3アンティーク調の家具が配された店内 4正面入口。裏庭には、くつろげるウッドデッキも用意

元そうめん工場を再生した空間で 豊かな食をプレートランチでいただく

SEASiON シージョン

海沿いに建つ元そうめん工場を再生した開放的な店内で、小豆島の風土が感じられるランチやスイーツが味わえる。建築家のオーナーがセレクトしたというインテリアやアート作品にも注目を。

☎0879-62-9394 住小豆島町安田甲144-237 時11:30～16:30 休不定休 Pあり 交バス停小豆島中学校前から徒歩3分 MAP付録② B-2

1プレートランチ1500円。写真のメインは「ヤマロク醤油の木桶仕込みの醤油チキン」 2目の前に海を眺める、開放的なテラス席もある 3そうめん工場をおしゃれにリノベーション 4塩っぺ（島の御塩とオリーブオイル）500円

ひしお丼もいかがですか

醤油造りが盛んな小豆島生まれのご当地丼。島のもろみや醤油、地元食材を使い、箸休めにオリーブか佃煮を付けるのがお約束です。

高台に建つ一軒家レストラン

創作料理 野の花 そうさくりょうりののか

のどかな場所に建つレストラン。小豆島産の野菜や魚介、自家製のオリーブオイルなどを使った創作料理を提供する。美しい盛り付けにも定評がある。

☎0879-75-2424 ⌂小豆島町室生892-1 🕒11:30～14:00、18:30～21:30（夜は予約制） 休火～木曜 Pあり 👣バス停赤坂から徒歩3分 MAP付録② B-2

野の花ひしお膳（オリーブ牛）2000円

自然を眺めながら、のんびりとくつろげる空間

緑に囲まれた場所に建つ

オリーブ牛のタリアータ3630円

オリーブ牛はやわらかくてヘルシーな味わい

レストランは、「らしく本館」の2階にある

オリーブ畑を眺めながら 地中海料理が楽しめる

井上誠耕園 レストラン忠左衛門

いのうえせいこうえんレストランちゅうざえもん

瀬戸内海と広大なオリーブ畑を一望するレストラン。旬の島食材を生かした料理には、新鮮で良質なオリーブオイルをたっぷりと使う。1階ではオリジナルのオリーブ商品を販売。海まで続くオリーブ畑を散策するのもおすすめ。

☎0879-75-1188 ⌂小豆島町蒲生甲61-4 らしく本館2F 🕒10:30～14:30 休不定休 Pあり 👣バス停井上誠耕園らしく園前からすぐ MAP付録② A-2

古民家を彩るアートな空間でカフェタイム

KOHIRA café コヒラカフェ

GEORGES gallery📖P.30に併設するカフェ。アーティストの栩山孝氏と片山みやび氏がそれぞれ手がけたアート空間で、島の食材を使ったスイーツ、パニーニやキッシュなどの軽食が楽しめる。

☎080-6725-9494（GEORGES gallery） ⌂小豆島町馬木甲881-9 🕒10:00～17:00 休月～水曜（祝日の場合は営業） Pあり 👣バス停馬木からすぐ MAP付録② B-2

1もろみソースのポークパニーニ650円、コーヒー 400円。メニューはテイクアウトもできる 21個まるごとアップルパイ700円は4～11月限定 3片山みやび氏が手がけた空間作品『今日が明日の部屋』

2

1

3

400年以上の歴史を誇る小豆島手延べそうめん。モチモチ食感とツルリとしたのど越しが魅力です。

目の前に広がる瀬戸内海に癒やされる 海辺のカフェでほっこりタイム

**潮風に誘われて、海を眺める素敵なカフェを見つけました。
瀬戸内海の美しさを肌で感じながら、
開放的な店内でおいしいスイーツを召しあがれ。**

手作り感あふれる
山の上の隠れ家店へ

moksha coffee stand

モクシャコーヒースタンド

坂手港近くの山の上にあるカフェ。小豆島のレモンを使った自家製ケーキやパン、手焙煎のコーヒーなどが味わえる。店にはお手製のイスやテーブルが並び、手作り感あふれる空間に。ボリュームのあるサンドイッチも好評。

なし 小豆島町坂手甲1447-1 11:00 ~ 17:00
休 火~金曜 (時期により変動あり) P あり
バス停坂手東から徒歩15分 MAP 付録② B-2

1 ショーウインドーには手作りパンやお菓子が並ぶ 2 自家製パンで挟んだタンドリーチキンサンド850円は島産の野菜がたっぷり 3 高台にあり、瀬戸内海を見下ろすグッドロケーション

潮風が吹き抜ける
海岸に建つビーチカフェ

TODAY IS THE DAY—COFFEE AND CHOCOLATE—

トゥデイイズザデイコーヒーアンドチョコレート

目の前におだやかな海岸が広がる、開放的な雰囲気が魅力。香川県産小麦粉「さぬきの夢」を使って焼いたパンケーキやホットドッグのほか、コーヒーを中心にレモンソーダなどのドリンクも充実する。

050-5278-0568 小豆島町西村甲2019-2
13:00 ~ 17:30 (日曜は~ 16:30) 休 月・火曜
P あり バス停オリーブ公園口からすぐ MAP 付録② B-2

1 店の人気はふんわりと口のなかで溶けるパンケーキ780円 2 近くの桟橋からは、二十四の瞳映画村P.20までの渡し船が出航する 3 訪れる人が持ち寄った本を並べた「みんなの本棚」

そうめん工場をリノベしたカフェ「UCHINKU」

カフェ「UCHINKU」(うちんく)では、島の食材を生かした創作料理が楽しめますよ。

☎0879-62-8116 🕒11:30～15:30、18:00～22:00
休 日・月曜 MAP 付録② B-2

小豆島の季節が感じられる 色とりどりのジェラート

MINORI GELATO

ミノリジェラート

オリーブや醤油、柑橘など小豆島の旬の味覚を使ったジェラート専門店。素材の持ち味を生かしたフレーバーがそろう。テイクアウトはもちろん、米蔵を改装したモダンな店内やテラス席で味わうこともできる。

☎0879-62-8181 ⌂小豆島町草壁本町1055-2
🕒12:00 ～ 18:00 休 水・木曜 P あり
👣バス停草壁港からすぐ MAP 付録② B-2

1 ジェラート2種盛り600円、3種盛り700円 2 素材の持ち味を生かしたイタリアンジェラートは常時12種類ほどがそろう 3 米蔵の名残を感じるテラス席で味わうのもおすすめ

島の愛されベーカリーにも立ち寄り

島素材を使ったかわいいパン

あずきベーカリー

地元で人気のレトロなパン屋。小豆島産の塩「御塩」や地元の醤油など、島の恵みを生かしたパンが好評。島のオリーブの花から抽出されたオリーブ花酵母を使ったあんバターや花醤を使うパンが並ぶ。

☎0879-62-8675 ⌂小豆島町安田5-1
🕒9:00 ～ 16:00 (売り切れ次第閉店)
休 日～火曜 P あり 👣バス停安田からすぐ MAP 付録② B-2

ほんのり甘いねこぱん140円。土曜限定

ヤマヒサ醤油の花醤を使ったひしおロール100円

レトロな古い民家の一角を再生

店内には昭和の雑貨などをディスプレイ

オリーブアイランドで見つけた暮らしを彩るアイテム

小豆島のおみやげの定番といえば、オリーブアイテム。オイルやお茶といった、オリーブの風味を生かしたものからコスメ、雑貨まで素敵なアイテムを集めました。

A

tematoca オリーブリーフティー 1200円~

農薬を使わず小豆島で栽培されたオリーブの新芽を低温乾燥させたオリーブティ。やさしい味わい。オリーブの収穫量により在庫に変動あり

C

(左)ブローチ4536円
(右)イヤリング4212円

オリーブで染める糸や布を使った、オリーブモチーフのアクセサリー。繊細でやさしい色合いが魅力

D

オリーブパスタ　530円

上質なオリーブオイルを生地に練り込んだ乾麺。のどごしのいい麺の表面はでこぼこしており、ソースが絡みやすい

B

手延べ半生オリーヴそうめん(2人前)432円

小豆島産オリーブの果実ペーストを練り込んだ緑色の麺が特徴。力強いコシとなめらかな食感が楽しめる

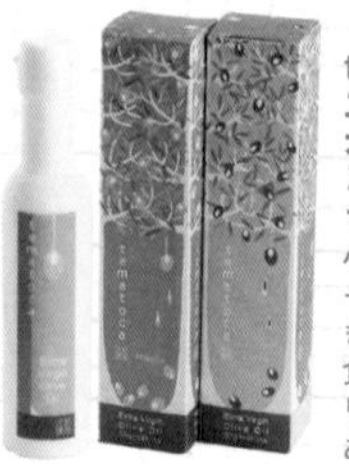

A

tematoca エキストラヴァージンオリーブオイル ミッション種／ルッカ種 135g4980円

小豆島産のオリーブオイルは、ハーブやスパイスのように料理を引き立てる。フレッシュな味わいで、食べる直前に使用するのが◎。オリーブの収穫量により在庫に変動あり

E

新漬けオリーブ80g756円

新緑の果実を手作業で収穫・選果し塩水に漬けたもの。10~12月限定、無くなり次第終了

ローカルのおいしいがそろう

A Coomyah grocery《クマグローサリー》

小豆島を中心に瀬戸内エリアのおいしいものがそろう島の食料品店。醤油などおみやげにおすすめのアイテムも充実。

☎0879-62-9264
土庄町淵崎甲2136-3
11:00~18:00 休 木・金曜
P あり バス停八幡橋前からすぐ
MAP 付録② A-2

妖怪グッズや島みやげが充実

B 妖怪美術館ミュージアムショップ《ようかいびじゅつかんミュージアムショップ》

かわいくてユニークな妖怪グッズがたくさん。小豆島特産のオリーブそうめんやオリーブオイルもそろう。

☎0879-62-0221
土庄町甲398 9:00~21:00(木曜は~17:00) 休 水曜
P あり 土庄港から徒歩15分
MAP 付録② A-1

オリーブ染め作家が営む

C 木の花《このはな》

小豆島のオリーブで染めた糸や布を使ったアクセサリーやストールを販売。小豆島産の食材を使うカフェも併設。

☎0879-82-5991
小豆島町西村甲1843-2
11:00~16:00
休 火・水曜 P あり バス停オリーブ公園口から徒歩3分 MAP 付録② B-2

オリーブの栽培から手がける専門店へ

「IS LIFE」では島内で栽培するオリーブで、オイルを製造、販売しています。甘く爽やかで、まろやかな味わいです。

☎0879-62-9377 🕒10:00～17:00 休 月曜（祝日の場合は翌日休） MAP 付録② A-2

E

小豆島産エキストラヴァージンオリーブオイル
20㎖6063円
希少な小豆島産の完熟オリーブ果汁を100%使った、生搾りオイル。数量限定で販売する

F

小豆島産オリーブの新漬け
65g680円
手摘みのオリーブを塩漬けにしたもの。毎年10月の収穫時期に店頭に並び、売り切れ次第終了する

G

オリーブ園 オリーブオイル
80㎖ 1540円
髪の毛のトリートメントやクレンジング、マッサージにと1本で多彩に使える。少量タイプもあり携帯に便利

D

オリーブアーモンドペースト
90g920円
手摘みで収穫した良質な島産オリーブを自社工場でオイルに。県産の希少糖の甘みと、オイルのまろやかさがマッチ

釜焚きオリーブ石鹸
100g915円
100時間かけて釜焚きし、60日間熟成。天然保湿成分を含み、皮脂を取りすぎずマイルドな洗いあがりに

E

F

オリーブサイダー
200㎖200円
島みやげにぴったりなご当地サイダー。青りんごのような味わい で、オリーブ果汁の爽やかなあと味が楽しめる

D 小豆島みやげが充実

土庄港観光センター

とのしょうこうかんこうセンター

小豆島の観光情報をはじめ、オリーブ商品や手延そうめんなどの小豆島みやげが一堂にそろう。

☎0879-62-1666 🏠土庄町甲6194-10
🕒9:00～17:30（軽食コーナーは9:30～16:00） 休 無休（軽食コーナーは水曜）
P あり 👣土庄港から徒歩5分
MAP 付録② A-1

E オリーブ農園が営む複合施設

井上誠耕園 mother's

いのうえせいこうえんマザーズ

オリーブの栽培から加工までを行う井上誠耕園の直営ショップ。オリーブを使った化粧品、食品などを販売する。

☎0879-75-1133
🏠小豆島町蒲生甲61-4井上誠耕園らしく本館 1F 🕒9:00～17:00 休 無休
P あり 👣池田港から徒歩10分
MAP 付録② A-2

F

道の駅 小豆島 オリーブ公園

みちのえきしょうどしまオリーブこうえん

📖P.16

G

小豆島オリーブ園

しょうどしまオリーブえん

📖P.17

オリーブの収穫は毎年10月頃。10月10日に解禁される新漬けは、この時期にしか手に入らないレアなおみやげです。

オリーブだけじゃない
小豆島のとっておきみやげ

**150年続く醤油蔵の醤油やもろみ、島で作られたそうめんなど
小豆島にはバラエティ豊かなおみやげがたくさん。
さて、誰に何をプレゼントしましょうか。**

**三年熟成 もろみ
(甘くなぁ～い) 593円**
国産丸大豆、天日塩を使用。甘くしていない本来のもろみで、うまみが凝縮

A

C

ポストカード 各165円
妖怪美術館の展示作品をポップでカラフルなイラストで描く。全12種類から選べる

C

マスキングテープ 各400円
小豆島を拠点に活動する妖怪画家・柳生忠平氏が描いた百鬼夜行とかわいい妖怪イラストの2種類

D

しょうゆあめ 380円
甘さと醤油の辛さが好バランス。気軽に配れるおみやげとして人気

B

**鶴醤・菊醤(145㎖)
各810円**
杉樽仕込みの天然醸造醤油。鶴醤はコク、菊醤はキレが特徴

E

**おばあちゃんの日本酒ジャム
140g865円**
小豆島の季節の果物や野菜、小豆島酒造の吟醸酒を使う。酒の風味も楽しめる

F

**HOMEMAKERS
シトラスジンジャーシロップ
(大、300㎖)　1652円
ハニーダイダイシロップ
(大、300㎖) 1480円**
無農薬栽培のしょうがと、島育ちのだいだいで作る。ピリッとした辛味とキビ糖のコクが◎

C

瓶入り折り鶴 各1100円
折り鶴アーティストの小野川直樹さんが手折りした、1cm四方の折り紙の折り鶴。島内の小野川直樹美術館では、繊細で優美な作品を鑑賞できる

醤油を買うなら「醤の郷」へ

長い歴史をもつ醤油蔵が集まる「醤の郷（ひしおのさと）」。昔ながらの工場にショップを併設しており、蔵めぐりをするのもおすすめです。

A
小豆島町で最も古い醤油屋
ヤマサン醤油 麹部屋
ヤマサンしょうゆこうじべや

1846（弘化3）年創業。桶を使った昔ながらの製法で醤油を作る。佃煮も好評。

☎0879-82-1014 住小豆島町馬木甲142 時9:00～17:00 休不定休 Pあり 交バス停馬木からすぐ MAP付録② B-2

B
150年前からの大杉樽仕込みで醸す
ヤマロク醤油 ヤマロクしょうゆ
P.21

C
個性的なセレクトに定評あり
妖怪美術館ミュージアムショップ
ようかいびじゅつかんミュージアムショップ
P.26

D
港に隣接する観光物産館
土庄港観光センター
とのしょうこうかんこうセンター
P.27

E
島で唯一の酒蔵に併設
フォレスト酒蔵 MORIKUNIギャラリー
フォレストさかぐらモリクニギャラリー
P.21

F
瀬戸内の味みやげに出合う
Coomyah grocery クマグローサリー
P.26

F
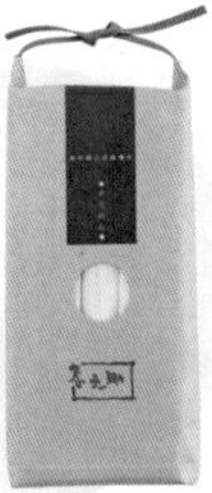

真砂喜之助製麺所
手延べそうめん
500g990円
コシのある麺と絶妙な塩加減が好評。細口と、その3倍の太さの太口がある

ワヤヤナ養蜂　はちみつ
120g950円／250g1890円
島で採れたはちみつは、季節の花々の香りが感じられる。濃厚でやさしい風味が特徴

F

F

SETONO SWEETS WAVE
小豆島ドライレモン
700円
島のレモンを使ったソフトドライフルーツ。甘酸っぱくてやさしい味わい

島内には昔ながらの和菓子屋さんも点在するので、旅のお供にどうぞ。

myことりっぷ

島風景に溶け込む作品にうっとり 小豆島アートトリップ

私設美術館やギャラリーをめぐったり、
「瀬戸内国際芸術祭」で生まれた屋外アートも鑑賞したり…。
島の自然に調和する個性あふれるアートトリップはいかがですか。

古民家に現れた不思議空間

GEORGES gallery

ジョルジュギャラリー

フランスの写真家、ジョルジュ・ルースの世界観が体感できるギャラリー。築100年の古民家に金箔で幾何学模様が描かれ、ある一点からは金箔の円形が立体的に見える。2階には、写真作品も展示。敷地内には、KOHIRA caféP.23を併設。

ギャラリー ☎080-6725-9494 住小豆島町馬木甲881-9 時10:00～17:00 休月～水曜（祝日の場合は営業）¥ギャラリー入館料500円 Pあり バス停馬木からすぐ MAP付録② B-2

ジョルジュ・ルースの作品は通常であれば写真に収めたあとに建物が壊されるため、絵画を鑑賞できるのは貴重

古民家の2階では、制作過程を紹介するドキュメンタリー動画やジョルジュ・ルースの3点の写真作品を展示

オーナーは、かつてこの古民家に住んでいた夫婦の孫。古民家に残る棚や本などの思い出も未来に伝える

「海の生き物」をテーマに画家の河野ルルが手がけた空間作品

新作や名画が集まる私設現代美術館

小豆島現代美術館 MOCA HISHIO

しょうどしまげんだいびじゅつかんモカヒシオ

1928（昭和3）年に建てられた醤油会館を私設美術館に再生。8人のアーティストによって新たに制作された10点の現代アートやオーナーが収集した60点の絵画や立体作品、小豆島をテーマにした40点の絵画を展示する。

GEORGES galleryの裏に建つので、合わせて訪れて

美術館 ☎080-6725-9494（GEORGES gallery）住小豆島町馬木甲36-2 時10:00～17:00 休月～水曜（祝日の場合は開館）¥入館料1500円 Pあり バス停馬木からすぐ MAP付録② B-2

小豆島の屋外アートはまだあります

『境界線の庭』MAP付録② B-2、『愛のボラード』MAP付録② B-2など、さまざまな屋外作品が展示されています。散策途中に鑑賞してくださいね。

A

土庄港を見守るシンボル

島の玄関口で迎える、金色に輝く立体アート。夜はライトが点灯

B

二十四の瞳映画村 P.20にある「漁師の家」の隠し部屋が作品に

魚の絵や消しカスアートを展示

芸術祭の作品もご案内

C

一緒に写真撮影をしましょう♪

リーゼントのカツラの無料貸し出しもある、遊び心あふれる作品

D

周囲の自然に溶け込む作品

直径約4mの鉄の球体。見晴らし台でもあり、寒霞渓を見渡せる

A

円環から海を眺める

太陽の贈り物

たいようのおくりもの

チェ・ジョンファ（崔正化）

土庄港にある、オリーブの葉を王冠に見立てた大きなオブジェ。金色が海の青に映える。

屋外作品 ☎087-813-0853（瀬戸内国際芸術祭実行委員会事務局）住所 土庄町 土庄港湾内 時間 見学自由 P あり 交通 土庄港からすぐ MAP付録② A-1

B

隠し部屋にある魚の絵

漁師の夢

りょうしのゆめ

入江早耶

漁師が実は魚の絵の収集家だったというストーリーで制作。魚の絵を描いたときに出た消しカスのアートも展示する。

ギャラリー

二十四の瞳映画村 P.20

MAP付録② B-2

C

オリーブ畑に立つ

オリーブのリーゼント

清水久和

オリーブの実に似た顔型のオブジェをオリーブ畑に設置。無人販売所の役割も果たす。

屋外作品 ☎087-813-0853（瀬戸内国際芸術祭実行委員会事務局）住所 小豆島町 馬木 時間 見学自由 P あり 交通 バス停馬木から徒歩10分 MAP付録② B-2

D

自然と調和する

空の玉／寒霞渓

そらのたまかんかけい

青木野枝

寒霞渓 P.18の見晴らし台にある、鉄の球体。時間の経過で錆色に変わり、周囲に溶け込んでいく。

屋外作品 ☎087-813-0853（瀬戸内国際芸術祭実行委員会事務局）住所 小豆島町 時間 見学自由 P あり 交通 土庄港から車で50分 MAP付録② B-1

今回紹介している作品の開館状況は公式WEBサイトを確認のうえ来場ください。

安らぎの島で自分にごほうび ほっこりできる宿にお泊まり

**小豆島をじっくり体感したいなら、宿泊がおすすめ。
特別感のある宿を選んで
絶景、美食、温泉と、ぜいたくな時間を過ごしましょう。**

1 3ルーム・メゾネットタイプの離れ「お」の間の洋室 2 客室では自家源泉の温泉をいつでも楽しめる 3 海の幸と野菜をひしお調味料で味わう「醤油会席」 4 歴史ある醤油蔵が続く「醤の郷」の一角にある

**名物の醤油会席が評判
1日8組限定の人気宿**

日本料理・島宿真里

にほんりょうりしまやどまり

築90余年の古民家を改装した母屋のほか、2棟の離れを含む全8室が並ぶ、風情ある料理自慢の宿。坪庭付きやメゾネットなどさまざまなタイプの客室には、個性に合わせた内湯が付く。魚介を地元特産の醤油やもろみでいただく「醤油会席」を楽しみに訪れるリピーターも多い。

☎0879-82-0086 小豆島町苗羽甲2011
IN14:00 OUT10:00 室 和1、和洋5、離れ2
¥ 1泊2食付 35200円～
P あり バス停丸金前から徒歩5分（池田港から送迎あり、予約制） MAP 付録② B-2

海の音に癒やされる別邸へ

海音真里

うみおとまり

海に面した全6室の客室は、展望風呂付きのぜいたくな空間が魅力。波音を聞きながらゆっくりとくつろいで。

☎0879-82-0086
小豆島町堀越東脇478
IN15:00 OUT12:00
室 和洋6
¥ 1泊2食付44000円～
P あり
バス停堀越からすぐ
MAP 付録② B-2

離れと本館で構成される

「日本料理・島宿真里」で食事を

「日本料理・島宿真里」では、宿泊をしなくても予約制で、小豆島づくしの料理を昼食や夕食として楽しめます。

海を見渡せる別荘で暮らすように旅をする

La Krasse Angelroad

ラクラッセエンジェルロード

エンジェルロードを見渡す高台に建つ別荘スタイルの宿。キッチン、リビング、ベッドルームなどを備える。全2室あり、いずれも間取りやインテリアが異なる。

1開放感あふれる客室。海を望みながら料理も楽しめる 2爽やかな水色の建物

☎0879-62-8806 土庄町甲1189-16 IN15:00 OUT11:00 室洋2 ¥素泊まり11875円～ Pあり バス停銀波浦から徒歩5分 MAP付録② A-1

瀬戸内に沈む夕陽が絶景

オリビアン小豆島 夕陽ヶ丘ホテル

オリビアンしょうどしまゆうひがおかホテル

約16万㎡の敷地内には瀬戸内海を望む温泉露天風呂やテニスコート、プールなどが点在。夕食のバイキングでは和洋の料理で小豆島の恵みを堪能。

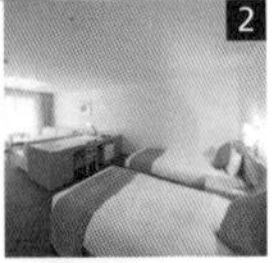

1瀬戸内海に沈む夕日を眺める露天風呂 2夕陽側客室は全室オーシャンビュー

☎0879-65-2311 土庄町屋形崎甲63-1 IN14:30 OUT11:00 室和16、洋88、和洋3、スイート2 ¥1泊2食付 13200円～ Pあり 土庄港から車で15分（土庄港から定期送迎バスあり、予約制） MAP付録② A-1

島食材のイタリアンでもてなす小さなホテル

カントリーイン ザ ホワイトマリーン

オリーブ牛や地魚、自家製ハーブ、オリーブオイルを使い、オーナーが腕をふるう島イタリアンのコース料理が好評。客室はツインやダブルなどを備えている。

1デッキが付いたツインタイプの客室 2夕食のコース料理の一例。鯛の香草風味オーブン焼き

☎0879-62-5040 土庄町甲1466-1 IN15:00 OUT10:00 室洋5 ¥1泊2食付き13500円～ Pあり バス停松風（鹿島海水浴場前）から徒歩7分 MAP付録② A-1

エンジェルロードを眺めてのんびり過ごす島時間

小豆島国際ホテル

しょうどしまこくさいホテル

エンジェルロード近くの海辺のホテル。全室オーシャンビューで、なかにはエンジェルロードを眺められる客室も。波打ち際の露天風呂では潮の香りと音に癒やされる。

1和洋室や露天風呂付きなど部屋タイプも豊富 2本館6階にある露天風呂付き客室テラスからの眺め

☎0879-62-2111 土庄町甲24-67 IN15:00 OUT10:00 室和10、洋6、和洋78、特別室5、スイート1 ¥1泊2食付き14300円～ Pあり 土庄港から車で7分（土庄港から無料送迎あり、予約制） MAP付録② A-1

小豆島には温泉のある宿やホテルもあります。旅の目的のひとつにしてもいいですね。

緑に包まれた山の中にある
島のギャラリーショップへ

地元の人に親しんでもらうためそうめん工場の屋号「宇助」を店名に入れたそう

店主が愛用している、着心地のいい洋服を販売

オリジナルハーブティー各1320円は、藍と月桃の2種類

美しい状態が2～3年は持つというプリザーブドフラワーのブローチ1個4180円

島メイドのアクセサリーはこちら

小豆島や瀬戸内在住の作家さんが作る七宝焼きのピン1個3300円～

カフェスペースもあります

店の奥で味わえるハーブティー 450円

緑に包まれたセレクトショップ
うすけはれ

そうめん工場をリノベーションした、ゆったりとした店内に並ぶのは、作家ものの作品や洋服、アクセサリーなど。オリジナルブランドの革製品は、長く愛用できると好評。

☎090-8284-6171 小豆島町中山131-1
10:00～17:00 休火・水曜、不定休
Pあり バス停中山から徒歩12分
MAP付録② B-1

直島・豊島
アートな瀬戸内の島々

瀬戸内の島々で出会うのは
ちょっぴりゆるやかな島時間、
独特の町並み、人々の笑顔、
お昼寝中のねこ、おいしいごはん、
自然の中に息づくアート。
そんな島々をめぐると、自分だけの
ひそやかな楽しみを発見できそうです。

アートな瀬戸内の島々をさくっと紹介します

**3年に1度開催されるアートの祭典「瀬戸内国際芸術祭」。
その舞台となる瀬戸内の島々には、現代アートやミュージアムが点在しています。
世界各国から注目を集める、島×現代アートを楽しんでみませんか。**

メインターミナルから各島へ

島へはフェリーか旅客船でアクセスを。直島、豊島、男木島、女木島へは香川県の高松港、犬島へは岡山県の宝伝港が起点となります。季節運航便もありますので、事前に確認しておくのがおすすめです。

❶❷高松～直島(宮浦･本村)

高松	旅客船30分 フェリー50分 旅客船1220円 フェリー520円	❶宮浦
高松	旅客船30分 1220円	❷本村

- 宮浦へは四国汽船、本村へは豊島フェリーが運航
- 宮浦港間の航路は1日5便
- 本村への航路は3月中旬～11月は1日1～2便(曜日により異なる、火曜運休)、12～3月中旬は月･土･日曜、祝日のみ1日1便

❸高松～豊島(家浦)

高松	35分 1350円	家浦

- 豊島フェリーの旅客船が運航
- 3月中旬～11月は1日5便、火曜は3便、12～3月中旬は1日3～4便(いずれも曜日により異なる)

❹高松～女木島～男木島

高松	20分 370円	女木島	20分 240円	男木島

- 雌雄島海運のフェリーが運航
- 高松～女木島は1日6～12便、高松～男木島は1日6便
- 高松～男木島は40分、510円

❺岡山(宝伝)～犬島

宝伝	10分 400円	犬島

- あけぼの丸が運航
- 1日8便、うち1便は日曜運休、加えて犬島精錬所美術館休館日は1便運休

問い合わせ先
四国汽船……………………………☎087-821-5100
小豆島豊島フェリー………………☎0879-62-1348
豊島フェリー………………………☎087-851-4491
雌雄島海運…………………………☎087-821-7912
あけぼの丸…………………………☎086-947-0912

島から島へのアクセス

❻直島(宮浦)～豊島(家浦)～犬島

宮浦	22分 630円	家浦	25分 1250円	犬島
宮浦	55分 1880円			犬島

- 四国汽船の高速旅客船が運航
- 火曜(12～2月は火～木曜)、美術館休館日は運休
- 1日3便

❼宇野～豊島(家浦)～豊島(唐櫃)～小豆島(土庄)

宇野	旅客船25分 フェリー40分 780円	家浦	旅客船15分 フェリー20分 300円	唐櫃	旅客船20分 フェリー29分 490円	土庄

- 小豆島豊島フェリーが運航
- 旅客船1日4～5便、フェリー1日2～3便

❽直島(本村)～豊島(家浦)

本村	20分 630円	家浦

- 豊島フェリーの高速船が運航
- 3月中旬～11月は1日1～2便(曜日により異なる、火曜運休)、12～3月中旬は月･土･日曜、祝日のみ1日1便

草間彌生『赤かぼちゃ』2006年　直島・宮浦港緑地　©YAYOI KUSAMA

写真／青地 大輔

近代化産業遺産が話題ののどかな島

犬島 いぬじま

P.50

約100年前に10年間だけ操業した銅の製錬所を保存・再生した犬島精錬所美術館や犬島「家プロジェクト」などが見学できる。

現代アート×島ブームの先駆けとなった島

直島 なおしま

P.38

ベネッセハウス ミュージアム、地中美術館、李禹煥美術館など話題の美術館が集まる元祖アートの島。

豊島美術館を中心に見どころが豊富

豊島 てしま

P.44

昔ながらの暮らしが今も残る島。豊島美術館や瀬戸内国際芸術祭の作品などアートスポットをめぐるのも楽しみ。

島のあちこちで鬼がお出迎え

女木島 めぎじま

P.49

桃太郎が退治した鬼が棲んでいたという「鬼ヶ島大洞窟」や港近くに点在する瀬戸内国際芸術祭の作品が見どころ。

迷路のような路地をたどってアートめぐり

男木島 おぎじま

P.48

急斜面に張り付くように家々が並ぶ景色はアートのよう。集落のなかを坂道や石段が迷路のように広がる。

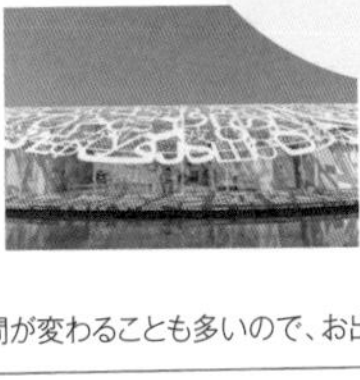

島の施設や飲食店は季節によって営業時間が変わることも多いので、お出かけ前にHPや電話でチェックしましょう。

アートであふれる瀬戸内の島々 まずは直島の美術館からご案内

圧倒的な世界観を放つ美術館やインスタレーションが点在する、現代アート×島ブームの火付け役として知られる直島へ。島の自然も感じながら、時間をかけてじっくり鑑賞を。

豊かな自然に建築とアートが調和する

地中美術館

ちちゅうびじゅつかん

安藤忠雄の設計で、建物のほとんどが地中に埋設された美術館。クロード・モネ、ジェームズ・タレル、ウォルター・デ・マリアの作品を恒久展示し、多くが自然光の中で鑑賞できる。

☎087-892-3755 ⌂直島町3449-1 🕙10:00～17:00(10～2月は～16:00) 休月曜(祝日の場合は翌日休) ¥鑑賞料2100円 Pあり ‼バス停地中美術館からすぐ MAP39右図
※オンラインチケットによる予約制

ウォルター・デ・マリア『タイム／タイムレス／ノー・タイム』2004
(写真／Michael Kellough)

島の景色を損なわないように設計された美術館(写真／藤塚光政)

瀬戸内の海を見下ろす丘に建つ(写真／2点とも山本糾)

安田侃『天秘』

「自然・建築・アートの共生」がコンセプト

ベネッセハウス ミュージアム

館内の展示スペースはもちろん、通路や屋外など、いたるところでアートを鑑賞できる。作家自らが島を訪れ、設置場所を選び、制作した作品も多い。

☎087-892-3223 ⌂直島町琴弾地 🕙8:00～20:00 休無休 ¥鑑賞料1300円 Pあり(ベネッセハウス宿泊者のみ) ‼バス停ベネッセハウス ミュージアム下からすぐ MAP39右図

自然と建物と作品が呼応しあう

李禹煥美術館

リウファンびじゅつかん

現在、ヨーロッパを中心に活動する李禹煥の個人美術館。安藤忠雄設計の館内では、自然石や鉄板を組み合わせた作品と、平面作品を展示。屋外では彫刻作品を鑑賞できる。

☎087-892-3754(福武財団) ⌂直島町倉浦1390 🕙10:00～17:30(10～2月は～16:30) 休月曜(祝日の場合は翌日休) ¥鑑賞料1050円 Pなし ‼バス停李禹煥美術館からすぐ MAP39右図

李禹煥『無限門』(2019)

周囲の自然に溶けこむ彫刻作品(写真／2点とも山本糾)

町営バスはバス停つつじ荘まで。ベネッセハウス周辺へは、ベネッセアートサイト直島場内シャトルバスに乗り換え

空間そのものを作品化

家プロジェクト《いえプロジェクト》

本村地区に残る古い家屋や神社を改修し、空間そのものを作品化するアートプロジェクト。宮島達男「角屋」、内藤礼「きんざ」など、現在7軒を公開。鑑賞チケットは本村ラウンジ&アーカイブなどで購入できる。

☎087-892-3223(ベネッセハウス) ⌂直島町本村地区
⏰10:00～16:30 休月曜(祝日の場合は翌日休)
¥共通チケット1050円、ワンサイトチケット420円、「きんざ」は別料金(予約制) Pなし
バス停農協前からすぐ
MAP 39左図

「角屋」宮島達男『Sea of Time'98』
(写真／上は鈴木研一、右は上野則宏)

家プロジェクト「角屋」

見ているだけで楽しくなるカラフルな外観

壁のタイル絵は大竹伸朗が絵付けしたもの
(写真／2点とも渡邉修)

誰もがワクワクする入浴できるアート

直島銭湯「I♥湯」《なおしませんとうアイラヴゆ》

直島で多くの作品を手がけるアーティスト、大竹伸朗による、実際に入浴できる美術施設。洗い場のカランやトイレなど細部に至るまで遊び心が満載。

☎087-892-2626(直島町観光協会／8:30～18:00)
⌂直島町2252-2
⏰13:00～20:30 休月曜(祝日の場合は翌日休)
¥鑑賞料660円 Pなし
宮浦港からすぐ
MAP 41

各美術館やアート施設とその敷地内では、撮影禁止箇所がありますのでご注意ください。

直島のアートを探して宮浦港周辺をのんびりさんぽ

直島にはシンボル的作品『赤かぼちゃ』をはじめ、島に溶けこむ現代アートがたくさん。宮浦港周辺の作品は徒歩でめぐれますよ。

ぐるっと回って

3時間

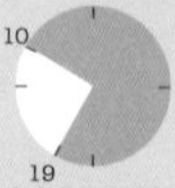

おすすめの時間帯

直島をめぐるならバスかレンタサイクルがおすすめ。P.38の美術館へは、町営バスで「つつじ荘」まで行き、ベネッセアートサイト直島の場内シャトルバス（無料）に乗り換えます。

草間彌生『赤かぼちゃ』2006年 直島・宮浦港緑地

アートなイスを発見♪

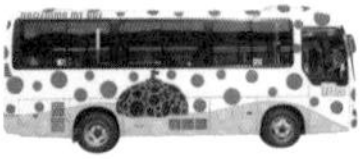

町営バスもかわいいデザイン

1『赤かぼちゃ』は直島アートの象徴 2ジョゼ・デ・ギマランイス『BUNRAKU PUPPET（ブンラクパペット）』は、島に伝わる「直島女文楽」から着想を得て制作。夜はカラフルな光を放つ 3海の駅「なおしま」はガラス張りのスタイリッシュな外観 4まずは見どころが集まる宮浦港周辺を散策 5島の案内看板もアート作品。ジョゼ・デ・ギマランイス『フラワー』 6水玉模様のアートなデザインのフェリーが瀬戸内海に映える

夜の直島もおすすめです

夜になると『赤かぼちゃ』や『直島パヴィリオン』などがライトアップされ、港周辺が昼とは違った雰囲気に包まれます。

巨大なオブジェの中からも鑑賞できる

島がモチーフの立体作品

直島パヴィリオン

なおしまパヴィリオン

大小27の島からなる直島町の「28番目の島」として誕生。海に浮かびあがる蜃気楼の島を、白いステンレスで軽やかに表現している。

所有者：直島町
設計：藤本壮介建築事務所
写真／福田ジン

屋外アート ☎087-892-2020（直島町まちづくり観光課）
⌂直島町2249-62 ⏲見学自由 Ⓟなし
👣宮浦港からすぐ MAP 41

直島のシンボルマーク

赤かぼちゃ

あかかぼちゃ

現代アートの巨匠、草間彌生による水玉が印象的。巨大な赤いかぼちゃの内側からも鑑賞できる。夜はライトアップも見られる。

©YAYOI KUSAMA

草間彌生『赤かぼちゃ』2006年 直島・宮浦港緑地

屋外アート ☎087-892-2020（直島町まちづくり観光課）
⌂直島町2249-49 ⏲見学自由 Ⓟなし
👣宮浦港からすぐ MAP 41

おみやげはこちら

海の駅「なおしま」

うみのえきなおしま

宮浦港に隣接したフェリーターミナル。乗船券売り場や観光案内所のほか、おみやげ店もある。アートグッズや天日塩の商品が人気。

直島塩らんぐ（大）
16枚入り
1190円

SOLASHIO
90g
500円

複合施設 ☎087-892-2299（直島町観光協会）⌂直島町2249-40 ⏲観光案内所は8:30〜18:00、カフェは10:00〜19:00（12〜2月は〜18:00）、特産品販売所は9:00〜18:00 休無休 Ⓟあり
👣宮浦港からすぐ MAP 41

宿泊するなら

パオで特別なステイを

直島ふるさと海の家つつじ荘

なおしまふるさとうみのいえつつじそう

3種類の客室があり、なかでも人気はモンゴルの移動式住居・パオ（ゲル）。ほかにも和風コテージとトレーラーハウスがある。

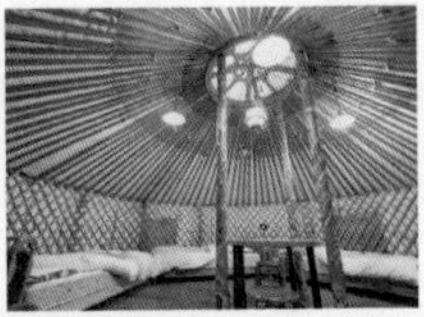

パオはベッド付きで快適。4名まで宿泊可

宿泊施設 ☎087-892-2838
⌂直島町352-1
⏲IN15:00 OUT10:00
休無休
¥素泊まり4210円〜
Ⓟなし
👣バス停つつじ荘からすぐ
MAP 39右図

海が目の前にあるパオでは、キャンプ気分で宿泊を楽しめる

家プロジェクト P.39がある本村エリアへは、レンタサイクルかバスの移動が便利です。

リノベ空間がすてきなカフェで ほっこり島ごはんをいただきます

島ののんびりとした時間が流れるカフェが、港の周辺に点在。
リノベーションされた空間でくつろいだり、島産食材のごはんを味わったり…。
直島散策の途中に立ち寄りたいカフェをご紹介します。

海鮮や野菜を使った
多彩なカレーを味わう

Cin.na.mon

シナモン

地元に愛されるカフェバー。Cin.na.mon特製カレーや瀬戸内で獲れた魚を使ったメニュー、種類豊富にそろうドリンクが味わえる。古民家の居心地の良さも魅力。

直島カレー 1200円／新鮮な魚介や野菜を使った人気を誇る特製カレー。ほかにも刺身定食もおすすめ

17時30分からはアルコールを提供するバーに。おやつタイムには日替わりケーキもおすすめ

☎087-840-8133
⌂直島町宮浦2310-31
⏲11:00～15:00、17:30～22:00
休 月曜、不定休 P あり
👣宮浦港から徒歩3分 MAP 41

古民家カフェで
玄米菜食ごはん

あいすなお

「呉汁」と呼ばれる大豆スープや地元野菜を使ったおかずが、もちもちの玄米と一緒に楽しめる。卵、白砂糖、乳製品を使わないスイーツなど体にやさしいメニューがそろう。

あいすなおセット1650円／有機の玄米や大豆を使った酵素玄米・呉汁に加え、自家製糀調味料を使った惣菜などがセットに

家プロジェクト『ぎんざ』の近くにあるので、アート散策の途中に立ち寄って

☎087-892-3830
⌂直島町761-1 ⏲11:00～14:30
休 月・火曜（祝日の場合は翌日休）
P なし 👣バス停農協前からすぐ
MAP 39左図

野菜たっぷりの
体想いのランチ

APRON CAFE

エプロンカフェ

管理栄養士の女性シェフが作るランチが味わえるカフェ。内容は季節ごとに必要な栄養などを考えてレシピを考案。毎朝焼くしっとり食感のスコーンも好評。

季節のスペシャルランチ1680円／彩り豊かな野菜がたっぷりで栄養満点のランチ。肉料理がメインで登場。デザート付き

家プロジェクト『角屋』近くの、住宅街のなかにある。庭の奥側にある入口から入店を

☎090-7540-0010
⌂直島町本村777
⏲11:00～14:30
休 月曜、不定休 P なし
👣バス停農協前からすぐ MAP 39左図

本村エリアには飲食店が充実

直島のカフェは本村エリアに集中しています。古民家を改装したお店も多いので、店内の雰囲気も一緒に楽しんでくださいね。

大学生が運営する 週末限定のカフェ

和cafe ぐぅ

わカフェぐぅ

香川大学の学生課が営む。「直島★のりのり丼」をはじめとするメニューには、直島産ののりや香川県産のいりこをふんだんに使う。ほっとできる和の空間が魅力。

直島★のりのり丼900円／豚肉と豆腐の卵とじに、直島産ののりがたっぷりトッピングされ、風味豊かな味わいに。店で一番の人気メニュー

のれんをくぐって店内へ。ワッフルやアイスなどの、スイーツメニューもある

☎なし
直島町836 11:00〜17:00
休 月〜金曜（祝日の場合は営業）
P なし バス停農協前からすぐ
MAP 39左図

路地の奥にある 隠れ家カフェ

カフェサロン中奥

カフェサロンなかおく

南寺近くにある築80年ほどの民家を地元出身のオーナーがカフェにリノベーション。落ち着いた雰囲気の店内で、自家製トマトソースのオムライスなどが味わえる。

ふわふわオムライスの自家製トマトソース（ランチセットB）1380円／自家製ポテトサラダ、ドリンク、デザートがセット

オーナーが集めたアンティークの家具や雑貨を配す、おしゃれな空間

☎087-892-3887
直島町本村中奥1167
11:30〜14:30、17:30〜20:30
休 月・火曜、不定休 P なし
バス停役場前から徒歩5分 MAP 39左図

おやつのお店を見つけました

素朴な焼き菓子はいかが

おかしとコーヒー

本村地区にある、テイクアウトの店。焼き菓子や自家製シロップのジュース、自家焙煎コーヒーを販売。夏にはかき氷も登場する。

☎なし
直島町710 12:00〜16:00
休 水〜金曜、不定休 P なし
バス停農協前から徒歩3分
MAP 39左図

焼き色がきれいなレモンとクリームチーズのマフィン320円

店主夫妻が笑顔で迎えてくれる

島内にはゲストハウスや民宿も点在。直島で1泊して、豊島や犬島に渡るのもおすすめです。

豊島の自然に調和する美しいアートを鑑賞

**肥沃な土壌と豊かな水に育まれた豊島。
周囲の自然に溶けこむ美術館で
島の文化や歴史を表現したアートを鑑賞しましょう。**

ぐるっと回って

6時間

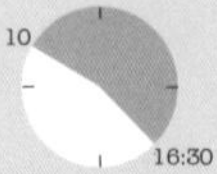

おすすめの時間帯

島内の移動はシャトルバスの利用がベター。約1時間に1本運行、乗車料は1回200円です。レンタサイクルでめぐるのもおすすめで、家浦港と唐櫃港にそれぞれ数か所のターミナルがありますよ。

1

2

3

4

5

6

7

棚田の一角に建つ、シェル形の美術館

豊島美術館

てしまびじゅつかん

建築家の西沢立衛とアーティストの内藤礼による美術館。柱を使わない建築は、水滴のようなフォルム。天井にある開口部から差し込む自然光のなか、床から湧き出した無数の水が集まり、泉を形作る『母型』を公開。

※オンラインチケットによる予約制。

☎0879-68-3555 ⌂土庄町豊島唐櫃607 ⓛ10:00～16:30（冬季は～15:30）休火曜（12月1日～2月末は火～木曜、祝日の場合は翌日休、月曜が祝日の場合は火曜開館、翌水曜休）¥鑑賞料1570円 Ⓟあり バス停豊島美術館前下車すぐ MAP45

横尾忠則作品を展示する

豊島横尾館

てしまよこおかん

アーティスト・横尾忠則と建築家・永山祐子によって、家浦地区にある古い民家を再生した美術館。既存の建物の配置を生かした3つの展示室で構成され、『原始宇宙』をメインとした平面作品11点を展示。ほかにも、石庭と池、円筒状の塔のインスタレーションが展開されている。

☎0879-68-3555（豊島美術館）⌂土庄町豊島家浦2359 ⓛ10:00～16:30（冬季は～15:30）休火曜（12月1日～2月末は火～木曜、祝日の場合は翌日休、月曜が祝日の場合は火曜開館、翌水曜休）¥鑑賞料520円 Ⓟなし 家浦港から徒歩5分 MAP45

アート施設の休館日はHPで確認を

休館日は変更の場合があるため、公式HPで事前に確認をしましょう。
ベネッセアートサイト直島 HP https://benesse-artsite.jp/
瀬戸内国際芸術祭 HP https://setouchi-artfest.jp/

8

9

10

1豊島美術館の作品。内藤礼『母型』2010年（写真／鈴木研一）2クリスチャン・ボルタンスキー『ささやきの森』（写真／市川靖史）34大竹伸朗『針工場』（写真／宮脇慎太郎）56豊島横尾館（写真／山本糾）7クリスチャン・ボルタンスキー『心臓音のアーカイブ』（写真／久家靖秀）8豊島横尾館（写真／山本糾）9クリスチャン・ボルタンスキー『心臓音のアーカイブ』（写真／久家靖秀）10イオベット&ボンズ『勝者はいない―マルチ・バスケットボール』は瀬戸内国際芸術祭で誕生した作品

島の歴史に思いを馳せる

針工場

はりこうば

メリヤス針の工場跡に、愛媛県宇和島の造船所で放置されていた鯛網漁船の船体用の木型を設置。アーティスト、大竹伸朗による空間作品。

☎0879-68-3555（豊島美術館）
住 土庄町豊島家浦中村1841-2
時 10:30～16:30 休 詳細はベネッセアートサイト直島の公式HPで確認
¥ 鑑賞料520円 P なし 交 バス停豊島公民館前からすぐ MAP 45

尊い命の鼓動に耳を傾ける

心臓音のアーカイブ

しんぞうおんのアーカイブ

心臓音に合わせて電球が明滅する「ハートルーム」や「リスニングルーム」などがある。希望者は自分の心臓音を作品の一部にできる。

☎0879-68-3555（豊島美術館）住 土庄町豊島唐櫃2801-1 時 10:00～16:30（冬季は～15:30）休 火曜（12月1日～2月末は火～木曜、祝日の場合は翌日休、月曜が祝日の場合は火曜開館、翌水曜休）¥ 鑑賞料520円、心臓音の登録は1570円 P なし 交 バス停唐櫃港から徒歩15分 MAP 45

森のなかに響く鈴の音

ささやきの森

ささやきのもり

檀山の中腹にあたる森林に、無数の風鈴が静かな音を奏でるインスタレーション。風鈴の音は魂の神秘性を思わせ、人間の存在の儚さを表現。

☎0879-68-3555（豊島美術館）住 土庄町豊島唐櫃1771 時 10:30～16:30 休 詳細はベネッセアートサイト直島の公式HPで確認 ¥ 鑑賞無料、短冊の登録は5000円（受付は心臓音のアーカイブにて）P なし 交 バス停唐櫃岡集会所前から徒歩25分 MAP 45

島内をサイクリングでめぐるなら、坂道が多いので電動アシスト付きがおすすめです。

島時間が流れるカフェで自然の恵みをいただきます

豊かな水に育まれた農作物や、瀬戸内の海の幸など
「食」に恵まれた豊島では、島育ちのおいしいものがそろいます。
ほっこりできる島カフェで、ランチタイムはいかがですか。

アートな空間で島のお母さんがおもてなし

島キッチン

しまキッチン

建築家・安部良が手がけた建物で、島の豊かな食材が味わえる。料理は東京の丸ノ内ホテルのシェフと、島のお母さんたちが考案したもの。建物をぐるりと囲む円形屋根が印象的な、オープンテラスでくつろげる。

☎0879-68-3771 住 土庄町豊島唐櫃1061
時 11:00～14:00(ドリンクは～15:30)
休 火～金曜(祝日の場合は営業) P なし
交 バス停唐櫃岡集会所前から徒歩3分 MAP 45

安部良「島キッチン」
(写真／ Osamu Nakamura)

豊島の旬の果物を使う季節のドリンク600円も♪

瀬戸内海の幸を使った、島キッチンセット1760円

発酵をテーマにした、休憩いのカフェバー&宿泊施設

Commune 発酵 Cafe & Bar + Stay

コミューンはっこうカフェアンドバープラスステイ

唐櫃《からと》港近くの古民家を再生。野菜や果物、卵といった島の食材と、味噌や麹、甘酒など日本古来の発酵食品を合わせた、体に優しい食事を提供する。地元香川の日本酒や甘酒スムージーなども楽しめる。

☎050-7119-8036 住 土庄町豊島唐櫃2644 時 12:00～21:00(SNSで確認) 休 不定休(SNSで確認) P あり 交 唐櫃港から徒歩5分 MAP 45

赤にんじんと麹のキャロットラペ400円など体に優しいメニューがそろう

ほっとできる味わいです

納屋で見つけた長持ちはテーブルとして再利用

海外で暮らしていた店主が豊島に移住してオープン

棚田の脇を通って豊島美術館へ

棚田の見頃は6～11月頃

海に映えるミラーも撮影スポット♪

島キッチンのイベントも

島キッチンでは、「島の誕生会」などアーティストがさまざまなイベントを開催。詳細はHPでチェックしてくださいね。

野菜が主役のランチを味わう

食堂101号室《しょくどうイチマルイチごうしつ》

島の旬野菜の持ち味を生かした料理は、手間をかけた一品ぞろい。ビーガン対応のベジプレートからポークプレートまでが楽しめる。夜は予約制。

☎なし ⌂土庄町豊島唐櫃1053 ⏰11:30～15:30、18:00～20:30（夜は2営業日前までの予約制） 休不定休 Pなし バス停唐櫃岡集会所前から徒歩3分 MAP45

豊かな島のたっぷり旬野菜のベジプレート1260円

中庭を望む縁側が特等席

海を眺めるロケーション

海のレストラン《うみのレストラン》

瀬戸内海が目の前に広がる、開放感と海風が心地よいレストラン。自家菜園の野菜や新鮮な魚などを使った、四季折々のイタリア料理が味わえる。

☎0879-68-3677 ⌂土庄町豊島家浦525-1 ⏰11:00～14:30、18:00～19:00（夜は要予約）、詳細は公式HPで確認 休不定休（詳細は公式HPで確認） Pあり 家浦港から徒歩15分 MAP45

ランチのパスタ2000円～。内容は季節により異なる

海を一望できるロケーション

スイーツは島のいちご♪

島のいちご農家が営む

いちご家《いちごや》

自家農園で栽培したいちごのスイーツが味わえる。生いちごいっぱいのパフェのほか、かき氷も人気。ジャムやソースなどはおみやげに。

☎0879-68-2681
⌂土庄町豊島家浦2133-2
⏰12:00～17:00 休不定休
Pあり 家浦港から徒歩3分
MAP45

いちごミルク氷（M）680円は年中楽しめる

生いちごいっぱいパフェ950円

自家製のいちごジャム600円

豊島の飲食店は家浦港や、バス停唐櫃岡集会所前の周辺に集まっています。

迷路のような路地で見つけた
男木島《おぎじま》、女木島《めぎじま》の島アート

まるで迷路のような細い路地が続く男木島と
鬼が棲んでいたという洞窟が残る女木島。
現代アートをめぐる島さんぽに出かけましょう。

男木島

海から見た男木島。集落が急斜面に建ち並ぶ

島で最初に出会うアート空間

男木島の魂

おぎじまのたましい

男木島港を降りて正面にある作品。スペインの芸術家ジャウメ・プレンサが手がけたもので、日本語やヘブライ語など8つの言語が屋根を飾る。日中はその影が地面に映る。

☎087-813-0853（瀬戸内国際芸術祭実行委員会事務局）
住 高松市男木町1986 時 見学自由（交流館は6:30～17:00）
休 無休 P なし 徒 男木港からすぐ MAP 49

地域のコミュニティスペースを兼ねている（写真／Osamu Nakamura）

風景に溶け込むたくさんの色

男木島 路地壁画プロジェクト wallalley

おぎじまろじへきがプロジェクトウォールアレイ

島で集めた廃材や廃船に風景のシルエットを描き、民家の壁に配した眞壁陸二の作品。急斜面の坂道や石段が迷路のように入り組んだ集落に点在。

島内7か所にあるので探してみて
（写真／Osamu Nakamura）

☎087-813-0853（瀬戸内国際芸術祭実行委員会事務局） 住 高松市男木島
時 見学自由 P なし 徒 男木港から徒歩10分 MAP 49

山口啓介の作品
（写真／ Kimito Takahashi）

旧約聖書「ノアの方舟」がモチーフ

歩く方舟 あるくはこぶね

『ノアの方舟』に着想を得た屋外作品。島の南端の漁港に立ち、4つの山をもつ方舟が海を渡ろうとするさまを表現する。

☎087-813-0853（瀬戸内国際芸術祭実行委員会事務局） 住 高松市男木町浦ノ谷515-1先 時 見学自由
P 男木港から徒歩15分 MAP 49

カフェに立ち寄り

世界を旅した夫婦が営むカフェ

ダモンテ商会 ダモンテしょうかい

自家製小麦で作るパンや、狩猟から加工まで手がけるジビエ料理など、自分たちが食べたいと思うものでおもてなし。テラス席からは男木島の港を眺められる。

☎なし 住 高松市男木町1916
時 10:30～15:00
休 不定休 P なし
徒 男木港から徒歩3分 MAP 49

ランチセット900円（料金は内容により変動あり）

島の拠点となる私設図書館

「男木島図書館」は、移住者相談窓口を併設する私設図書館です。蔵書は5000冊を超え、島の憩いの場となっています。

なし 13:00〜16:30 休 不定休 MAP 49

女木島

小学校と植物と作品が一体となる

女根／めこん めこん

休校中の女木小学校の中庭に作られた大型作品。大竹伸朗が手がけたもので、島のヤシの木の周りに、船の廃材やワニのオブジェなどを配し、不思議な一体感に満ちている。校舎にも作品を展開する。

087-892-2550（福武財団） 高松市女木町236-2 女木小学校 9:20〜16:30 休 詳細は瀬戸内国際芸術祭公式HPで確認 ¥ 鑑賞料510円 P なし 女木港から徒歩5分 MAP 49

作品名は女木島の「女」と生命力の象徴としての「根っこ」に由来

（写真／Osamu Watanabe）

風のカタチが見える？

カモメの駐車場

カモメのちゅうしゃじょう

女木島の堤防の上にずらりと並ぶ約300羽のカモメの風見鶏。風が吹くと一斉に向きを変え、見えない風が見えてくる。

087-813-0853（瀬戸内国際芸術祭実行委員会事務局） 高松市女木町 見学自由 P なし 女木港からすぐ MAP 49

木村崇人の作品

改装した古民家で不思議体験

不在の存在 ふざいのそんざい

アルゼンチンの作家レアンドロ・エルリッヒの作品。誰もいないのに足跡が現れたり、足音が聞こえたりと不思議な仕掛けがたくさん。

087-892-2550（福武財団）
高松市女木町189
10:40〜16:30 休 公式HPで要確認
¥ 入館料300円 P なし
女木港から徒歩5分 MAP 49

非日常の空間が楽しめる （写真／Osamu Nakamura）

渡船のめおん号から見える鬼の灯台

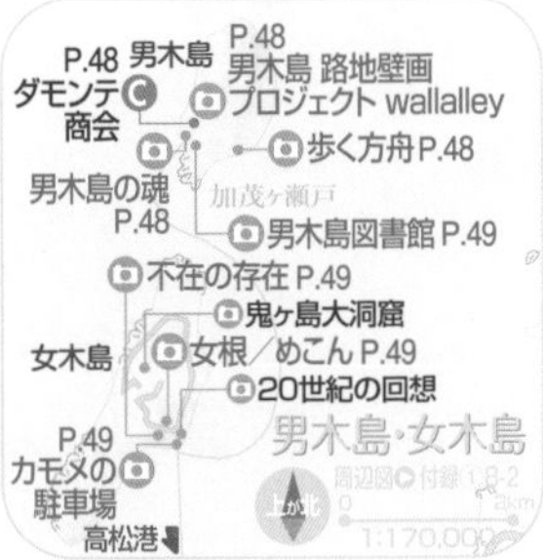

今回紹介している作品の開館状況は公式WEBサイトを確認のうえ来場ください。

犬島の産業や暮らしを支えた建物が現代アートになりました

直島、豊島に続いて注目したいアートな島が岡山県の犬島。ここでは、銅の製錬所跡を活用したアートスポットが話題。町並みを生かした犬島「家プロジェクト」も公開中です。

工場跡や煙突などの遺構を生かした美術館（写真／3点とも阿野太一）

柳幸典『ヒーロー乾電池』(2008)
かつて日本の近代化に貢献した銅製錬所の跡地に、作家三島由紀夫をモチーフにした空間作品を展開。作品には、東京にあった三島由紀夫の家の部材を用いている。

『ヒーロー乾電池／ソーラー・ロック』(2008)

『ヒーロー乾電池／イカロス・タワー』(2008)

近代化産業遺産を活かした美術館

犬島精錬所美術館

いぬじませいれんしょびじゅつかん

約100年前まで操業していた銅製錬所の遺構を再生した美術館。環境との共生をテーマに、環境に負荷を与えないよう自然エネルギーを活用した建物は、三《さん》分《ぶ》一《いち》博《ひろ》志《し》の設計。館内では、アーティスト柳《やなぎ》幸《ゆき》典《のり》のアートワーク『ヒーロー乾電池』が鑑賞できる。

☎086-947-1112 ⌂岡山県岡山市東区犬島327-4 ⏲9:00〜16:00 休火〜木曜（冬季はベネッセアートサイト直島の公式HPで確認） ¥鑑賞料2100円（犬島「家プロジェクト」と共通） Pなし !!犬島港からすぐ MAP51

カフェもあります

犬島チケットセンターカフェ

いぬじまチケットセンターカフェ

犬島チケットセンター内に併設するカフェでは、犬島でおめでたいときに食べられていた「鯛めし」をはじめ、郷土料理が味わえる。

鯛めし1100円

島に着いたらまずこちらへ

犬島港のすぐそばに建つ

犬島チケットセンター

犬島精錬所美術館と犬島「家プロジェクト」の共通チケットを販売。ミュージアムショップであるストアやカフェも併設。MAP51

モノトーンでシンプルな外観

（写真／井上嘉和）

各美術館やアート施設とその敷地内では、撮影禁止箇所がありますのでご注意ください。

島内のめぐり方

小さな島なので、移動手段は徒歩のみ。島に車の乗り入れはできないので、宝伝港にある有料駐車場を利用しましょう。

島の町並みに溶け込む建築とアート

犬島「家プロジェクト」

いぬじまいえプロジェクト

島の集落で展開するプロジェクト。建築家の妹島和世が手がけた集落に点在する5つのギャラリーと石職人の家跡に、さまざまなアーティストによる作品を公開。アートディレクションは長谷川祐子。

086-947-1112（犬島精錬所美術館） 岡山県岡山市東区犬島 9:00～16:30 休 火～木曜（冬季はベネッセアートサイト直島の公式HPで確認） ¥ 鑑賞料2100円（犬島精練所美術館と共通） P なし 犬島港からすぐ MAP 51

S邸

荒神明香「コンタクトレンズ」2013

（写真／Takashi Homma）

I邸

オラファー・エリアソン「Self-loop」2015

（写真／市川靖史）

A邸

ベアトリス・ミリャーゼス「イエローフラワードリーム」2018

（写真／2点とも井上嘉和）

ひと休みするなら

Ukicafe

ウキカフェ

犬島「家プロジェクト」I邸の隣にある、広い庭が魅力的な古民家カフェ。パスタ料理や自家製スイーツなどが味わえる。店内ではアート作品の展示やグッズ販売も。

086-947-0877 岡山県岡山市東区犬島293-2 10:00～16:00 休 火～木曜、12～2月は冬季休業あり P なし 犬島港から徒歩7分 MAP 51

タコとキノコのトマトソース1200円

※F邸、S邸、A邸、C邸、I邸、石職人の家跡は犬島「家プロジェクト」の作品です

アート施設の休館日は変更の可能性があるため、事前にHPで確認を。HP https://www.benesse-artsite.jp/

窓の向こうに瀬戸内海が広がる

海と田を眺める宿

建物の外壁にはアワビの貝殻がキラキラ輝く

夜にはシャンデリアが
幻想的な空間を作りだす

小豆島のまめまめビールと一緒
に醸造したお酒1000円

築約50年の日本家屋を
改築した一棟貸しの宿

ロフトに座る
と、海と空と
山だけが見え
るように設計

穏やかな色彩のファブリック

開放的なリビングルーム

隣接するショップ「ナミノミ」で
皆川さんデザインのグッズも販売

レターセット600円

豊島の自然に溶けこむ宿へ

ウミトタ

海岸沿いに建つ、一日1組限定の宿。ブランド「ミナ ペルホネン」のデザイナー、皆川明がディレクションをした空間で特別な宿泊体験ができる。

☎0879-68-3386 ⌂土庄町豊島家浦423-2 ⏰IN15:00 OUT11:00 ¥1室99000円+1人11000円（定員6名まで、軽朝食代込み） Pあり 👣バス停硯集会所前から徒歩5分 MAP45

高松・琴平と周辺の町

香川の観光拠点の高松タウンには、見どころがいっぱい。
爽やかなベイエリアに、カフェや雑貨が並ぶ倉庫街、
四季折々に美しい特別名勝、栗林公園…。
本場のさぬきうどんの食べ比べも楽しいです。

高松タウンから足をのばせば
「こんぴら参り」で知られる琴平、
瀬戸大橋や四国水族館など
楽しみがまだまだたくさん。

食やアート、文化にふれる
五感で楽しむ香川旅へ。

高松・琴平と周辺の町を
さくっと紹介します

瀬戸大橋で本州とつながる香川県。観光の拠点となる高松をはじめ、金刀比羅宮を有する琴平、絵になる瀬戸内の風景が広がる三豊など、魅力あふれるスポットや見どころがいっぱいです。

旅のスタートは高松から

まずは観光案内所で情報収集

JR高松駅に到着したら高松オルネ1階にある観光案内所へ。各種地図やパンフレットのほか、カウンターには無料の検索用タブレットもあります。

香川・高松
ツーリストインフォメーション
⏱9:00～20:00 休無休 MAP付録③ A-1

高松を拠点にプランニング

香川県の中心地・高松には飲食店やホテルが集中し、旅の拠点に便利。JRの主要駅、空港、瀬戸内の島々への港が集まる交通の拠点でもあります。初めての香川なら、高松を拠点に計画を。

エリア内の乗り物活用術

鉄道

高松市内中心部の移動手段には、高松琴平電鉄、通称「ことでん」が便利。県西部へはJRを利用しましょう。ことでんとJRを利用できるお得なきっぷP.109もありますよ。

船

瀬戸内の島々は橋が架かっていないので、移動手段は船のみ。メインターミナルは高松港で、直島、小豆島、豊島といった代表的な島へ行けますよ。フェリー情報はP.14·36へ

レンタカー

高松と琴平は、駅から徒歩圏内に見どころが集まるので電車旅が可能。その他のエリアをめぐるなら、車の移動が便利です。

バス

JR高松駅発着で、栗林公園や丸亀町商店街など市内のおもな停留所を約1時間で1周することでんバスのレインボー循環バスは、市街地でのショッピングや観光に便利。料金は乗車1回につき200円または250円です。

ことでんバス ☎087-821-3033

レンタサイクル

JR高松駅、ことでん瓦町駅など、高松市街7か所にレンタサイクルポートがあり、借りた後は、どこのポートに返却してもOK。利用料は1日200円。利用には専用アプリ「HELLO CYCLING」の会員登録が必要です。

(共通) ⏱有人ポート（JR高松駅前広場地下、ことでん瓦町地下、ことでん栗林公園駅前）7:00～23:00（受付は～22:00）、無人ポートは～22:00 休無休
レンタサイクル管理センター
☎087-831-5383（7:00～22:00）

のんびりした海辺の町

丸亀・宇多津 P.97

まるがめ・うたづ

海辺に広がるのどかな町。四国水族館が新たなランドマーク。

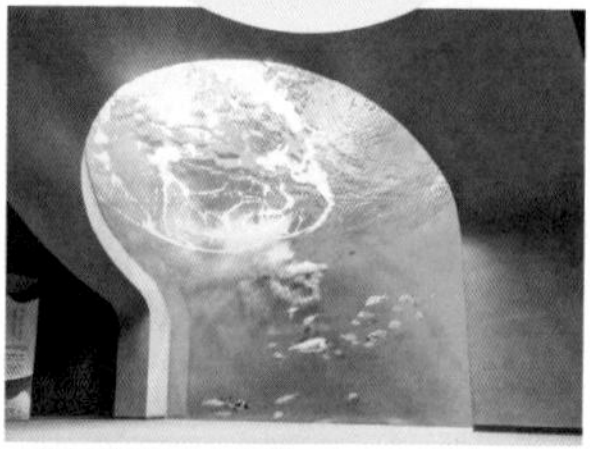

画像提供：四国水族館

絵になる風景の宝庫

三豊・観音寺 P.98

みとよ・かんおんじ

フォトジェニックな瀬戸内の景色がたくさん。父《ちち》母《ぶ》ヶ《が》浜《はま》は特に有名。

空の玄関口は高松空港です

高松空港から高松市街＆琴平方面への連絡バスが運行。高松駅、琴平まで所要約45分。空港とその周辺にあるアートもお見逃しなく。

瀬戸大橋のおひざもと

坂出《さかいで》

P.96

瀬戸大橋を結ぶ多島美と、各地に伝わる歴史ロマンが魅力的。五色台はドライブにおすすめ。

観光もグルメも楽しめる

高松《たかまつ》

P.56

高松港のアートや栗林公園、海辺の複合施設など、魅力がたくさん。

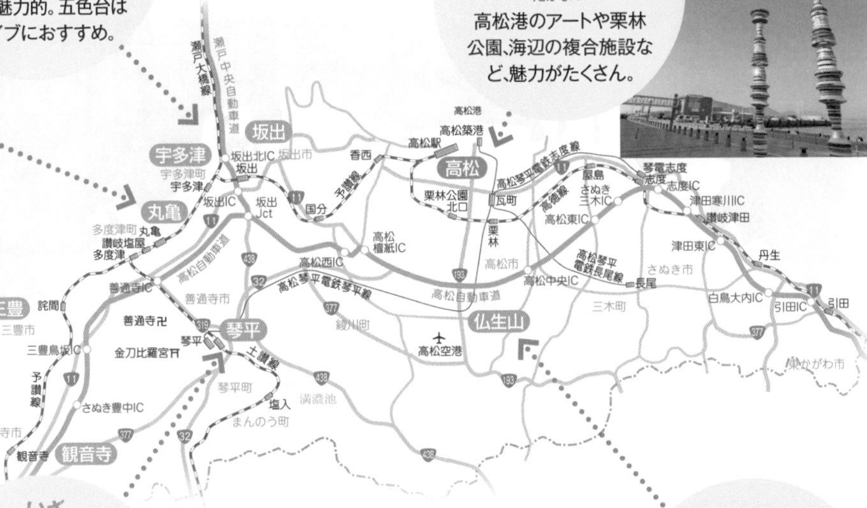

いざこんぴら参りへ

琴平《ことひら》

P.90

香川観光ではずせないのが、金刀比羅宮への参拝。参道のそぞろ歩きを楽しんで。

新旧が融合する魅力的な門前町

仏生山《ぶっしょうざん》

P.88

民家を改装したカフェやショップ、複合施設が集まる話題のエリア。

まんのう町にある「満濃池」は、日本最古にして国内最大級の大きさの灌漑用のため池です。

高松ベイエリアで瀬戸内さんぽ

JR の高松駅と高松港周辺には、海を望むスポットがたくさん。現代アートを鑑賞したり、眺めのよいレストランで食事したり。潮風を感じながら、ベイエリアをお散歩してみましょう。

ぐるっと回って

3 時間

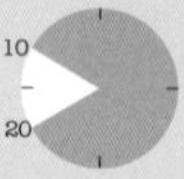

おすすめの時間帯

見どころはJR高松駅から徒歩10分圏内に集中。海沿いには遊歩道や芝生広場もあり、散策にぴったりです。夕暮れ時も素敵で、灯台に光が灯るロマンチックな光景も楽しんでくださいね。

1大巻伸嗣が手がけた『Liminal Air -core-』。高さ8mの2本の柱が空と海に映える 2「SETO rama by shu1」から望む海景色 3ジュリアン・オピー作『銀行家、看護師、探偵、弁護士』 4高速バスの待合所にある『待つ人／内海さん』本間純作 5玉藻公園の月見櫓は重要文化財に指定

アート作品が迎える瀬戸内の玄関口

高松港

たかまつこう

瀬戸内の島々へ行く船が出航する海の玄関口。周辺には瀬戸内国際芸術祭で登場した屋外アートが常設展示され、無料で鑑賞できる。なかでも、港にそびえ立つ『Liminal Air -core-』はシンボル的存在なので、見逃さずに。

港 ☎087-839-2416（高松市観光交流課）
住 高松市サンポート8 時 見学自由 P なし
交 JR高松駅から徒歩5分 MAP 付録③ B-1

日本有数の水城跡に広がる

史跡高松城跡 玉藻公園

しせきたかまつじょうあとたまもこうえん

堀に海水を引き込んだ日本三大水城のひとつである高松城跡を、公園として開放。天守閣跡をはじめ、旧藩主の住居として使われていた披雲閣、美しい石垣や櫓が見られる。3～11月には堀を遊覧する「城舟体験」(500円) も楽しめる。

史跡 ☎087-851-1521
住 高松市玉藻町2-1 時 東門は7:00～18:00(10～3月は8:30～17:00)、西門は日の出～日没 休 無休
¥ 入園料200円 P あり
交 JR高松駅から徒歩5分
MAP 付録③ B-1

ひと足のばして「うみまち商店街」へ

高松市中央卸売市場にある商店街。通りには食堂やスイーツショップなどが並び、食べ歩きや買い物が楽しめます。MAP付録③ A-1

1高松港の目の前に女木島が見える 2ひときわ目を引く高さ30階建ての高松シンボルタワー 32024年3月にリニューアルしたJR高松駅のビル「高松オルネ」。写真はイメージパース 4Restaurant MIKAYLAは夜もすてき 5日本三大夜灯台のひとつに選ばれている、せとしるべ（高松港玉藻防波堤灯台）

ベイエリアのランドマーク

高松シンボルタワー

たかまつシンボルタワー

高さ約150mのタワー型複合施設。四国の名産品を集めたショップやさぬきうどんの名店、骨付鶏店など香川の魅力が集まる。

複合施設 087-811-2111（マリタイムプラザ高松運営事務所） 高松市サンポート2-1 10:00～21:00（飲食店は11:00～22:00、店舗により異なる） 休無休 Pあり JR高松駅からすぐ MAP付録③ A-1

世界初のガラス灯台

せとしるべ（高松港玉藻防波堤灯台）

せとしるべたかまつこうたまもぼうはていとうだい

全面ガラス張りでできた世界初の灯台。赤く光る姿は幻想的で、初点灯から半世紀以上にわたって瀬戸内海を見守り続ける。

灯台 087-821-7012（高松海上保安部交通課） 高松市サンポート 見学自由 Pなし JR高松駅から徒歩15分 MAP付録① B-3

瀬戸内海を見渡す
カフェ&レストラン

Restaurant MIKAYLA

レストランミケイラ

海に囲まれたロケーションで、パスタやサンドイッチなどのメニューが楽しめる。

087-811-5357 高松市サンポート8-40 11:00～14:00、17:00～21:00 休無休 Pあり JR高松駅から徒歩10分 MAP付録③ A-1

テラス席から瀬戸内海を一望

SETO rama by shu1

セトラマバイシュウイチ

海を見渡す絶景カフェ。地元食材を使うランチや名物のチーズケーキが味わえる。

087-884-0108 高松市浜ノ町49-20 LIVLOV2F 11:00～16:00 休火曜、第3水曜 Pあり JR高松駅から徒歩15分 MAP付録③ A-1

瀬戸内レモンチーズケーキ880円

海辺の倉庫群をリノベーションした複合施設「北浜alley」P.58も近くにありますよ。

海沿いのレトロでおしゃれな倉庫街 北浜alleyでお買いもの

**港町独特の雰囲気を醸し出す北浜alleyには、
個性派雑貨店やハイセンスなカフェがそろいます。
海を感じながらショップめぐりを楽しんでみてはいかが。**

1レトロな倉庫街に個性豊かな店舗が集まる 2アンティークなインテリアと観葉植物が空間を彩るBOOK MARÜTE 3kitahama blue storiesでは、香川の伝統工芸、香川漆器などの手仕事の逸品も扱う 45香川ゆかりのインテリアを配したsalon blue。オリジナルのノンアルコールカクテル700円〜でひと息ついて

ノスタルジックな海辺の倉庫群

北浜alley きたはまアリー

昭和初期に建てられた倉庫群を複合施設としてリノベーション。海風で錆びついたトタン板の壁が港町独特の風情を醸し出す。海を望むロケーションのカフェをはじめ、レストランや雑貨店など個性豊かな21店舗が集まる。

☎087-834-4335（北浜alley管理事務所） 高松市北浜町3-2
営休店舗により異なる
Pあり JR高松駅から徒歩12分 MAP付録③ B-1

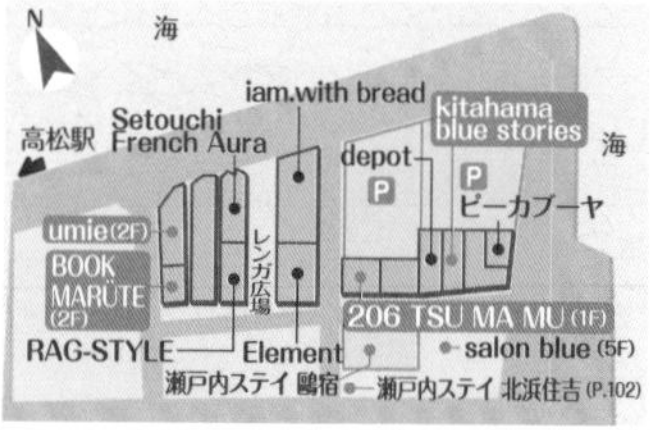

「salon blue」もすてきです

北浜alleyの一角にあるカフェ。香川の工芸品にデザイン性を加えた空間が素敵です。

087-813-0204 13:00〜20:00 休火・水曜 MAP付録③ B-1

umie
ウミエ

大きな窓の向こうに海を望む開放感抜群のカフェ。テーブルごとに異なるデザインも魅力のひとつ。

カフェ 087-811-7455
11:00〜18:00(土曜は〜20:00)
休水曜

ビーフシチュープレート 1300円
じっくり煮込んだ濃厚な味わい。ベーグルやサラダも付く

キャラメルチーノ　630円
たっぷりのミルクフォームにキャラメルがスイート

kitahama blue stories
キタハマブルーストーリーズ

香川をはじめ、瀬戸内の伝統工芸、作家もの、食品、絵本など、さまざまな作り手のアイテムが並ぶ。

雑貨店 087-823-5220
11:00〜18:00
休火曜(祝日の場合は営業)

オリジナルmt　1個400円〜
umie、北浜alleyの倉庫、瀬戸内の風景がデザインされたマスキングテープ

幸せの蒼いとりさん 1個3080円〜
香川の庵治石をガラスに溶かしたもの。瀬戸内のような青がすてき

島旅レター　各495円
朝、昼、夕方の瀬戸内の風景写真を一筆箋にしたオリジナルアイテム

BOOK MARÜTE
ブックマルテ

写真集やアートブックを中心に取り扱う小さな書店。ギャラリースペースも併設する。

書店 090-1322-5834
12:00〜18:00(土・日曜、祝日は10:00〜) 休不定休

日常をランクアップする素敵な一冊と出会える

206 TSU MA MU
ツマム

常時10種類以上のキッシュとカヌレが並ぶ専門店。カフェはセルフスタイル、テイクアウトにはギフトにも使える箱を用意している。

キッシュ 087-811-5212
11:00〜売り切れ次第閉店
休月・火曜、不定休

1

2

1店内はコンクリートのカウンターと黒でメリハリをつけたニューヨーク風 2キッシュはすべて1個720円、ドリンク450円〜

町家を再生した一日一組限定の宿「瀬戸内ステイ 北浜住吉」P.102も、北浜alleyの一角にありますよ。

一歩一景の美しさ
特別名勝 栗林公園へ

美意識の高い高松の集大成ともいえる風光明媚な大名庭園。
全国でも珍しい早朝から見学できる庭園は、
さわやかな朝のさんぽにもおすすめです。

ぐるっと回って **2時間**

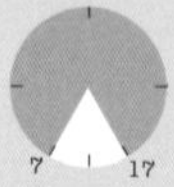

おすすめの時間帯

回遊式大名庭園の南庭と、明治から大正にかけて改修された近代庭園の北庭に分かれています。園内に茶屋や食事処、物産館、見学施設もあるので、こちらにもぜひ立ち寄りを。

飛来峰から望むことができる栗林公園を代表する景観

100年以上の歳月をかけて築き上げた四季折々の庭園美

栗林公園 りつりんこうえん

国の特別名勝に指定されている文化財庭園の中で最大の広さを持つ栗林公園は、江戸時代初期の回遊式大名庭園。75万㎡の広大な敷地には、6つの池と13の築山、緑が美しい松が広がる。ハナショウブやツバキなどの四季折々の花々が彩る園内には、掬月亭や商工奨励館など見どころもいっぱい。

☎087-833-7411 高松市栗林町1-20-16 7:00〜17:00(季節により変動あり) 休無休 ¥入園料410円 Pあり ことでん栗林公園駅から徒歩7分 MAP付録③ A-2

鮮やかな朱色の梅林橋。赤橋とも呼ばれる

冬には真っ白な雪に覆われることも。まるで水墨画のよう

秋には見事な紅葉を愛でられる

夏に見ごろを迎える芙蓉沼に咲く蓮の花

アーチを描く
木造の偃月橋を渡ると

南湖の小島にハート
形のツツジを発見

無料の定時ガイドがあります

ガイドによる解説を聞きながら園内散策が楽しめます。実施は毎週日曜、10:30に東門券売所前に集合。所要は約1時間です。

休憩処

庭園を愛でながら抹茶をいただく

掬月亭 きくげつてい

🕒9:00〜16:00
休無休
¥700円(抹茶・菓子付)

南湖にせり出すように造られた大広間

休憩処

讃岐の迎賓館で旬食材のランチ

ガーデンカフェ栗林

ガーデンカフェりつりん

☎087-802-2123 🕒10:00〜16:00 休月曜(祝日の場合は翌日)

ガーデンカフェ栗林特製オリーブ豚の照り焼きBIGバーガー1650円

かつての迎賓館を改修したレストラン

和船で
南湖を一周

南湖周遊和船

なんこしゅうゆうわせん

お殿様気分で南湖を和船に乗って周遊。園内の見どころを、船頭さんが解説してくれる。

所要約30分、乗船料620円

休憩処

明治初期の茶屋で昼食

日暮亭 ひぐらしてい

季楽点心3000円(食後の抹茶とお菓子付き)。3〜6、9〜11月の限定

茅葺き草庵型の茶室

☎0120-85-7170(料亭二蝶)
🕒10:00〜16:00(前日15:30までの予約制) 休無休

休憩処

離れで食べる朝粥が人気

花園亭 はなぞのてい

☎087-831-5255
🕒7:00〜18:00(朝粥は〜10:00) 休無休

貴重なお茶を使った「碁石茶がゆ」1650円。事前の予約制

香川みやげをお買い物

かがわ物産館 栗林庵

かがわぶっさんかんりつりんあん P.77

地元銘菓や伝統工芸品など、讃岐の味と技が種類豊富にそろう。

県産品を扱う
アンテナショップ

香川の文化・芸術・産業を発信

商工奨励館 しょうこうしょうれいかん

1階はさぬきうどんの歴史や香川の伝統工芸品などを展示。2階からは見下ろす絶景を一望できる。

🕒8:30〜17:00 休無休 ¥無料

1899(明治32)年建造の
元香川県博物館

春と秋にはライトアップも開催されます。夜間の遊覧船も楽しみですよ。

素朴なロケーションも味わい深い さぬきうどんを召し上がれ

**香川のソウルフードとして知られるさぬきうどん。
県内にある数あるうどん店のなかから、味はもちろん、
ロケーションまでもおいしい有名店３軒を紹介します。**

1かけうどん（小・1玉）180円。黄金色のだしは、味わい深く後口あっさり。大は麺2玉で280円、特大は3玉で380円 2築100年の風情を感じる店構え 3人気のトッピングは少し甘めに炊いた「あげ」120円。天ぷらは一律120円 4あげの煮汁がだしになじみ、味の変化が楽しめる 5ツヤとコシのある麺
6行列しているときでも、回転が早いのでご安心を

さぬきうどんの原風景を 青空の下で味わって

がもううどん

‖坂出‖

のどかな田園風景が広がる場所に建ち、家族経営で味を守る老舗うどん店。店内に8席あるが、ほとんどの人が屋外の椅子に座って、青空の下でうどんをすする。メニューは、「温かい」と「冷たい」のかけうどんのみ。ツヤとコシのある麺が、上品なカツオ＆昆布だしとも絶妙にマッチする。

0877-48-0409 坂出市加茂町420-1 8:30～13:30頃（土曜、祝日は～13:00頃）、全日売り切れ次第閉店 休 日・月曜 P あり JR鴨川駅から徒歩20分 MAP 付録① B-3

サイドメニューの王道はおでん

天ぷらやおにぎりが定番ですが、香川ではおでんを提供する店が多いのです。うどんだしで仕込んだ、深い味わいも魅力です。

1

2

1熱い(小)+卵210円。生醤油を回しかけて味わううどんは、つるりとしたのどごし。トッピングの唐辛子は好みで 2田んぼを見渡す場所に建つ

映画の舞台になった山間の名店へ

三嶋製麺所

‖まんのう‖みしませいめんじょ

メニューは「熱い」か「冷たい」から選ぶうどんのみ。できたての麺はしなやかなコシが魅力で、遠方から客が訪れることも。映画『UDON』のロケ地としても知られる。

0877-84-2266 まんのう町川東276 9:00～ 15:45(土・日曜、祝日は～15:30、売り切れ次第閉店) 休金曜 Pあり バス停中通からすぐ MAP付録① B-3

1

2

1冷たい麺に温かいだしをかける「ひやあつ(小)」にゲソ天をトッピング。一杯450円
2小高い山を分け入った先に店が現れる

竹林に囲まれた名店で薪火で茹でた絶品の麺を

山内うどん

‖まんのう‖やまうちうどん

山道を進んだ先の竹林の中に現れる名店。薪で沸かした湯で一気に茹でるうどんは、しっかりとしたコシがあるのが特徴。昆布といりこベースのかけだしと一緒に味わって。

0877-77-2916 まんのう町大口1010 9:00～売り切れ次第閉店 休木曜 Pあり JR黒川駅から徒歩20分 MAP付録① A-4

さぬきうどんのキホン

お店のタイプ

一般店
普通の飲食施設と同じ注文システム。

セルフ店
麺を温めたり、だしをかけたりは自分で行う。

製麺所
製麺工場の一角で食べる。主にセルフスタイル。

メニューの種類

水締め麺
釜あげ麺を水で締めることで、コシはしっかり。

メニューはコチラ
- かけ
- しょうゆ
- ぶっかけ

釜あげ麺
釜から揚げたての熱々で、食感はモチモチ。

メニューはコチラ
- 釜たま
- 釜あげ

メニュー情報はP.64へ

マナーとコツ

- 1店舗で1人1杯は注文を。
- 500円以下で食べられる店が多いので、事前に小銭を用意。
- 昼どきは混みあうので午前中に行くのがベター。

さぬきうどん5大メニューを うどんブームの火付け役の名店で

**麺とだしの組み合わせで、多彩な味わいが楽しめるさぬきうどん。
押さえておきたい本場・香川のグランドメニューを、
うどんブームを牽引した名店で味わってみませんか。**

かけ
麺にだしをかけたシンプルな一杯

うどん（小）×ちくわ310円
あっさり味であっという間に完食してしまう

たむらうどん

‖**綾川**‖

香川県産「さぬきの夢2009」をブレンドしたオリジナル粉を使用してつるりと弾力のある食感に。小麦の香り漂うやや太めの田舎麺と、いりこベースのあっさり系のだしが相性抜群。

☎087-876-0922 ⌂綾川町陶1090-3
🕒9:00～13:00
休日曜、祝日 Pあり
‼ことでん陶《すえ》駅から車で5分
MAP付録① B-3

1店主の麺を求めて行列ができる
2できたての麺は少し黄色くツヤツヤしている

釜たま
釜で茹で立ての麺に生卵をからめる

釜卵（小）350円
味付けは自分好みで調節できる

山越うどん

‖**綾川**‖やまごえうどん

釜あげ麺に生卵をからめ、特製のだし醤油をかけた「釜卵」の発祥店。絶妙な味のバランスが全国からファンを呼ぶ、行列を覚悟して食べたい絶品うどん。

☎087-878-0420 ⌂綾川町羽床上602-2
🕒9:00～13:30
休日・水曜（臨時休あり）
Pあり ‼ことでん綾川駅から車で5分
MAP付録① B-3

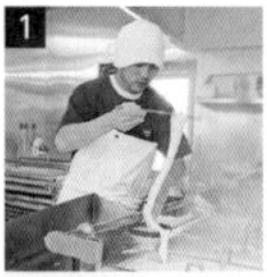

1熱々の釜あげうどんが食べられる
2座席数90席の、スタッフ手作りのカウンター

しょうゆ
麺にだし醤油や生醤油をかけるだけ

ぬるい（中）180円
冷水で5秒だけ締めた麺をシンプルにいただく

日の出製麺所

‖**坂出**‖ひのでせいめんしょ

打ちたてのうどんを提供するために営業時間がわずか1時間という幻のお店。粉選びや配合にこだわった麺は、しなやかでのびがあり、絶妙な塩加減ともっちりとした弾力が特徴。

☎0877-46-3882 ⌂坂出市富士見町1-8-5 🕒11:30～12:30（販売は9:00～16:00）
休不定休 Pあり
‼JR坂出駅から徒歩15分
MAP付録① B-3

1人気のトッピングは油あげ、ちくわ天、げそ天
2店内はいつも混み合うので相席が基本

香川県中部に名店が集中

坂出市や丸亀市など香川県中部エリアには、さぬきうどんブームの先駆けとなった名店が集まっていますよ。

天ぷらうどんも注目です

釜あげ
ゆで汁ごと器に盛り、つけだしで食べる

釜あげうどん（大）500円
いりこが効いた香り豊かなだしが味の決め手

ぶっかけ
濃い目のだしを麺に直接かけたもの

ぶっかけ（小）300円
コシのある強靭な麺で食べごたえ抜群

ひや天おろし1100円
2人に1人が注文する人気メニュー

長田in香の香

‖善通寺‖ながたインかのか

名物の釜あげうどんは、夏場でも注文率が約8割という人気ぶり。ツヤツヤもっちり麺を、丁寧に下処理した伊吹島産いりこで仕上げた甘辛い味わいのだしで味わう。

☎0877-63-5921 ⌂善通寺市金蔵寺町1180 ⏰9:00～15:00頃 休水・木曜（HPを確認） Pあり 🚶JR金蔵寺駅から徒歩15分 MAP付録① A-3

1徳利に入っただしを傾けるように注ぐ
2テーブルにネギやしょうがの薬味が並ぶ

山下うどん

‖善通寺‖やましたうどん

ぶっかけの発祥店として知られる有名店。昆布といりこベースのキリリとしただしが、麺の味を引き立てる。釜からあげたてを楽しむ「湯ぬき」（小）300円もぜひ。

☎0877-62-6882 ⌂善通寺市与北町284-1 ⏰9:30～16:00 休火曜（祝日の場合は翌日休） Pあり 🚶JR善通寺駅から車で10分 MAP付録① A-3

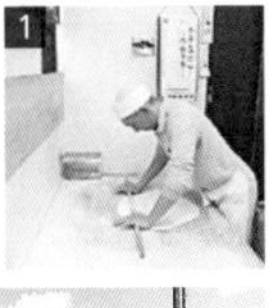

1しっかり踏んで手でこねる昔ながらの製法
2見通しの良い道沿いに面して建つ

おか泉

‖宇多津‖おかせん

キュッとしまった歯ごたえの麺や、特製のサクサクの天ぷら、まろやかな特製だしが人気の店。冷たい麺のメニューが多く、中でも「ひや天おろし」は究極の一品。

☎0877-49-4422 ⌂宇多津町浜八番丁129-10 ⏰11:00～19:00（土・日曜は10:45～） 休月・火曜（祝日の場合は営業）、年2回メンテナンス休あり Pあり 🚶JR宇多津駅から徒歩15分 MAP付録① A-3

1おでん、おにぎりなどはセルフで
2和食店のようなすっきりとした店内

野菜を煮汁で炊いた具材をのせる「しっぽくうどん」は、冬季限定の香川の郷土うどんです。

香川で食べたいかわいいおうどん、和空間で味わう贅沢うどん

**思わず写真に撮りたくなるようなキュートなうどん、
上品な空間でゆったりとした時間までもおいしい贅沢うどん。
メニューにもたたずまいにもこだわる魅力店を紹介します。**

かわいいおうどん

1左から、ぶっかけ450円、わかめ500円。太めの麺はむっちりと弾力のある食感。水曜はうどん以外の麺を提供 2足場板をリメイクしたテーブルやレトロ家具をレイアウト 3倉庫をセルフリノベーション

愛くるしい表情が器に咲く

カマ喜ri

‖観音寺‖カマきり

カフェのような心地よい空間で、3日間熟成させた本格手打ちうどんを提供。ちくわを目に、レモンや蒲鉾を口に、わかめを髪にと、薬味や具材を顔のパーツに見立てた盛り付けにも個性が光る。

☎0875-24-8288 ⌂観音寺市柞田町甲46-3 🕒11:00～ 14:00(売り切れ次第閉店) 休日曜 Pあり JR観音寺駅から車で8分 MAP付録① A-4

キュートな器で手打ち麺を

三好うどん

‖三豊‖みよしうどん

緑に囲まれたうどん店。作家ものの器で味わえるのは、機械を一切使わずに手ごね、足踏みした手打ち麺。ツヤと弾力があり、小麦の香りもしっかり。揚げたての天ぷら、人気のいりこのおにぎりも一緒にどうぞ。

☎090-1000-7908 ⌂三豊市高瀬町比地1583-1 🕒10:00～ 14:00 休日曜、祝日 Pあり さぬき豊中ICから車で10分 MAP付録① A-4

1のどかなロケーションにたたずむ 2カウンター席のほか、テーブル席もある 3ぶっかけ(小)300円。ちくわ天1本100円。うつわはすべて柄が違う一点もの

蛇口をひねると「うどんだし」？

高松空港内には、うどんだし専用の蛇口が設置されていて、備えつけのコップで試飲できます。数量限定なのでお早めに。

贅沢うどん

お屋敷でうどん会席

郷屋敷

‖高松‖ごうやしき

江戸時代中期の屋敷を利用した風流な店構え。庭園を眺める部屋で、コシの強い麺と旬の野菜を使ったうどん会席が味わえる。

087-845-9211
高松市牟礼町大町1987
11:00～14:30、17:30～20:30
休 無休　P あり　ことでん大町駅から徒歩20分
MAP 付録① B-3

1 登録有形文化財の建物で食事が楽しめる　2 季節のぶっかけうどん1160円。ちらし寿司と香川の郷土料理の醤油豆が付く

武家屋敷でゆっくりと

うどん本陣 山田家本店

‖高松‖
うどんほんじんやまだやほんてん

約800坪の広大な敷地内に建つ本館は、日本庭園に囲まれた屋敷を利用。うどんは単品から定食、懐石、鍋まであり、一品料理も充実。

087-845-6522
高松市牟礼町牟礼3186
10:00～ 20:00 休 無休
P あり　ことでん八栗駅から徒歩20分
MAP 付録① B-3

1 築130年以上の本館は登録有形文化財　2 釜ぶっかけ定食（卵黄付）1330円。弾力のある麺にコクのある卵黄をプラス

ざるうどんの元祖

川福本店

‖高松‖かわふくほんてん

高松ライオン通商店街にある創業50余年の店。のどごしのよさを追求した細めの麺が特徴で、元祖といわれるざるうどんが人気。

087-822-1956　高松市大工町2-1　11:00～14:00、18:00～21:30（売り切れ次第閉店）
休 火曜　P なし　ことでん片原町駅から徒歩5分
MAP 付録③ B-1

1 広々とした座敷　2 天ざるうどん1390円。創業当時からの定番メニュー

古民家で釜あげうどん

わら家

‖高松‖わらや

茅葺き屋根の農家を移築した空間で味わうのは、名物の釜あげうどん。モチモチ麺といりこベースの濃厚だしが絶妙にマッチする。

087-843-3115
高松市屋島中町91
9:30～17:30
休 無休　P あり
ことでん琴電屋島駅から徒歩5分
MAP 付録① B-3

1 江戸末期の古民家の前には水車もある
2 家族うどん2800円。木製のたらいに8玉分（4～5人前相当）の釜あげうどんが入る

香川ではもともと、正月などのハレの日にうどんを食べるのが習慣だったそうです。

バリエーション豊富な 高松の名店案内

早朝から営業する有名店から、シメで食べたいカレーうどんの人気店まで
高松市内には個性豊かな名店がひしめいています。
奥深いさぬきうどんの世界をめいっぱい味わってくださいね。

うどん(1玉)＋卵の天ぷら　320円
半熟卵の黄身が麺にからむ魅力の一杯

半熟卵天ぷらを全国に広めた実力店

竹清《ちくせい》

弾力とコシのある麺をダイレクトに味わうなら、湯通しせずそのままだしをかけて味わうのがおすすめ。店頭で揚げる天ぷらが人気で、なかでも店発祥といわれる卵の天ぷらはぜひ。

☎087-862-1095 ⌂高松市亀岡町2-23
🕒10:45～14:30(売り切れ次第閉店) 休日・月曜 Pなし
‼JR栗林公園北口駅から徒歩10分 MAP付録③ A-2

開店と同時に多くの人が訪れる

かけうどん(小)＋ちくわ天　400円
素朴な小麦の味がする太麺とだしが好相性

朝から食べられる官庁街のセルフ店

さか枝うどん本店《さかえだうどんほんてん》

早朝から多くのビジネスマンや観光客で賑わう王道セルフ店。回転が速いため、麺はいつでも打ちたて、茹でたてが味わえる。いりこベースに5種類のかつおからとっただしが香り高い。

☎087-834-6291 ⌂高松市番町5-2-23 🕒7:00～15:00頃(売り切れ次第閉店) 休日曜、祝日、土曜不定休 Pあり
‼JR栗林公園北口駅から徒歩10分 MAP付録③ A-2

トッピングは50種類そろう

かけうどん(小) 350円
きめが細かい麺は、モチモチでしなやかな食感

風味豊かなだしは飲み干したくなるほど

上原屋本店《うえはらやほんてん》

おいしさを追求し、うどんによってだしを使い分ける。かけうどんは、昆布やうるめで取ったあっさり風味だし、ざるうどんは数年寝かせた醤油をベースにした甘口だしが利いている。

☎087-831-6779 ⌂高松市栗林町1-18-8
🕒9:30～15:30(売り切れ次第閉店) 休日曜 Pあり
‼ことでん栗林公園駅から徒歩7分 MAP付録③ A-2

栗林公園の近くに建つ

本日のラスト一杯もうどん

飲んだ後のシメの一杯がラーメンではなく、うどんなのは香川ならでは。飲み屋街には深夜営業の店もあり強い味方です。

釜バターうどん（小）530円
卓上の醤油をかけると味に深みがプラスされる

通称「カルボナーラうどん」が大人気

手打十段 うどんバカ一代

てうちじゅうだんうどんバカいちだい

しっかりと練って一晩寝かせた麺は、もちもち感がありながらツルリとした喉越し。名物の「釜バターうどん」はバターや卵が手打ち極太麺とからみ合い、まるでカルボナーラのよう。

店内にはサインがズラリ

☎087-862-4705 ⌂高松市多賀町1-6-7
🕒6:00〜18:00 休 第2・4水曜 P あり
‼ことでん花園駅から徒歩3分 MAP 付録③ B-2

カレーうどん800円
数種類のスパイスとシャキシャキのタマネギが絶妙

スパイスが香るシメの一杯

手打ちうどん 鶴丸

てうちうどんつるまる

打ちたてうどんが深夜まで楽しめる店。看板メニューは、特製スパイスをきかせた濃厚でコクのあるカレーうどん。やわらかな牛肉をトッピングした牛しゃぶカレーや、エビやカボチャなどを盛り込むカレー天など多彩。

夜にオープンする飲み屋街の一軒

☎087-821-3780 ⌂高松市古馬場町9-34
🕒20:00〜翌2:00（売り切れ次第閉店） 休 日曜、祝日
P なし ‼ことでん瓦町駅から徒歩7分 MAP 付録③ B-1

かき揚げおろしうどん980円
丼からはみ出すほど大きいかき揚げをトッピング

郊外の山道沿いで作りたてを

本格手打 もり家

ほんかくてうちもりや

丹念に生地を練り、足踏みし、完全手打ちにこだわる麺。メニューは注文してから作り始めるので、天ぷらなどのトッピングは常に熱々サクサク。かき揚げおろしはだしを注ぐとジュッと音がする。

テーブル席のほか座敷もある

☎087-879-8815 ⌂高松市香川町川内原1575-1
🕒10:30〜18:00 休 木・金曜（祝日の場合は営業） P あり
‼バス停台目から徒歩15分 MAP 付録① B-3

食欲をそそる香りが漂うカレーうどん。店ごとにこだわったルー×和風だしの味を堪能しましょう。

じっくりと目に焼きつけたい 高松の街に息づく建築&アートなスポット

建築ファンからは「建築王国」とも呼ばれる香川県。
なかでも高松には見ごたえのある建築物があちらこちらに。
モダニズム建築とアートを楽しむ旅へでかけましょう。

1

2

3

4

1猪熊弦一郎が手がけた壁画『和敬清寂』 2コンクリート打ち放しのモダン外観なのに、柱や梁といった伝統的な木造建築を思わせるたたずまい 3パネルや資料が設置される建築ギャラリー 4丹下研究室がデザインした、かわいいフォルムの椅子

モダニズム建築を感じる
丹下健三の初期の代表作

香川県庁舎東館

かがわけんちょうしゃひがしかん

日本の伝統とモダニズムを融合させた香川県庁は、丹下健三の初期の代表作といわれる名建築。1階ロビーには猪熊弦一郎の陶板壁画や丹下研究室がデザインした椅子があり、内部の意匠もすてき。建築ギャラリーも併設する。

丹下健三
「世界のタンゲ」と呼ばれ、戦後日本の建築界を牽引した。

☎087-832-3075(香川県財産経営課)
住 高松市番町4-1-10
時 8:30～17:15 休 土・日曜、祝日 P なし 交 ことでん瓦町駅から徒歩10分
MAP 付録③ A-2

1

2

3

4

1山の斜面を生かした階段状の水景庭園。その先に美術館が建つ 2美術館のバルコニーもすてき 3ピカソなど近代絵画のほか、彫刻、青銅器も収蔵・展示 4四国村内では移築された民家が見学できる

古民家が並ぶ自然に
囲まれた博物館

四国村ミウゼアム

しこくむらミウゼアム

四国各地から民家や蔵など33棟を移築・復原した野外博物館。安藤忠雄建築の美術館「四国村ギャラリー」が、周囲の自然に溶け込むように建つ。彫刻家・流政之の「流れ坂」のアプローチも見逃せない。

安藤忠雄
日本を代表する建築家。コンクリート打ち放しの建築が代名詞。

☎087-843-3111 住 高松市屋島中町91 時 9:30～16:30 休 火曜(祝日の場合は翌日休) ¥ 入村料1600円(四国村ギャラリー入館料を含む、企画展によって異なる) P あり 交 ことでん琴電屋島駅から徒歩5分 MAP 付録① B-3

キーパーソンは元知事・金子正則

猪熊弦一郎、丹下健三、流政之、山本忠司などと交流を持ち、香川で活躍の場を提供。建築王国&アート王国・香川の礎を築いた人物なのです。

1 1973（昭和48）年築。まるで城壁のような異彩を放つたたずまい 2 モダニズム建築に、木造船や漁具などの展示が不思議とマッチ 3 素朴でかわいい船の装飾を発見 4 スキップフロアで展示室がつながる

瀬戸内海の自然と調和する
石積みの建物

瀬戸内海歴史民俗資料館

せとないかいれきしみんぞくしりょうかん

山本忠司
香川県庁に勤め、後に建築家へと転身。地域に根差した建築を目指した。

五色台の豊かな自然に囲まれた資料館。日本建築学会賞を受賞した石積みを基調とした建築が印象的。木造船や漁具など瀬戸内地方の歴史や文化に関する資料を収集。収蔵資料のうち約6000点は重要有形民俗文化財に指定されている。

☎087-881-4707
高松市亀水町1412-2
9:00～16:30 休 月曜（祝日の場合は翌日休）
¥ 入館無料 P あり
坂出ICから車で35分
MAP 付録① B-2

アートなスポットはまだあります

すべてがアートな名喫茶

喫茶城の眼

きっさしろのめ

建築は山本忠司、内装デザインは彫刻家・空充秋、石彫レリーフは流政之など名だたるクリエーターによって造られた喫茶店。モーニングやランチ、コーヒーを楽しんで。

店内には庵治石でできた巨大なスピーカーがある

自家製チーズケーキ450円とコーヒー450円

カフェ ☎087-851-8447
高松市紺屋町2-4
9:00～18:00
休 日曜、祝日
P なし
JR高松駅から徒歩10分
MAP 付録③ B-1

屋島に建つ回廊型の建築

高松市屋島山上交流拠点施設 やしまーる

たかまつしやしまさんじょうこうりゅうきょてんしせつやしまーる

山と海の絶景が広がる屋島に建つランドマーク。曲線がユニークな回廊型の建築で、屋根瓦には庵治石を使用。展望スペースや売店、カフェがある。

瀬戸内海を眺める展望スポット ©SUO

複合施設 ☎087-802-8466
高松市屋島東町1784-6 9:00～17:00（金・土曜、祝前日は～21:00、施設により異なる） 休 火曜（祝日の場合は翌平日休） ¥ 入場無料、パノラマ展示観覧料1000円 P あり 高松中央ICから車で25分 MAP 付録① B-3

やしまめ各350円

香川県立ミュージアム MAP 付録③ B-1や高松市美術館 MAP 付録③ B-1にも立ち寄ってくださいね。

高松の中心部から足をのばして巨匠たちのミュージアムへ

**現代アート、彫刻作品、日本画、名作家具etc.。
香川にゆかりの深い巨匠たちの
個性豊かなミュージアムを訪ねてみましょう。**

1

猪熊弦一郎
香川出身。顔や動物を加えた鮮やかな抽象画など多彩な画風で有名。

2

3

❶入り口のゲートプラザ。猪熊弦一郎の作品が展示されている ❷世界的に有名な建築家、谷口吉生が設計 ❸天井の高いエントランスホール

(右下写真／高橋章)

色鮮やかな絵画作品に触れる

丸亀市猪熊弦一郎現代美術館

‖丸亀‖ まるがめしいのくまげんいちろうげんだいびじゅつかん

JR丸亀駅前に建つ美術館。猪熊弦一郎の作品を常設展示しているほか、現代美術を中心にした企画展も開催している。カフェやミュージアムショップにも立ち寄りを。

☎0877-24-7755 住 丸亀市浜町80-1 時 10:00〜17:30 休 月曜(祝日の場合は翌平日休)、展示替え期間休 ¥ 入館料300円(企画展は別料金) P なし ‼JR丸亀駅からすぐ MAP 付録① A-3

ひと休みカフェ

(写真／増田好郎)

カフェと物販の複合施設

ミモカのランチ・ドリンク付き1800円

(写真／まちのシューレ963)

Café MIMOCA カフェミモカ

高松にある、まちのシューレ963P.74がプロデュース。金〜日曜限定のランチをはじめ、コーヒーやデザートなどが楽しめる。

☎0877-35-9613
時 10:00〜17:00
休 月曜(祝日の場合は翌平日休)

ミュージアムグッズ

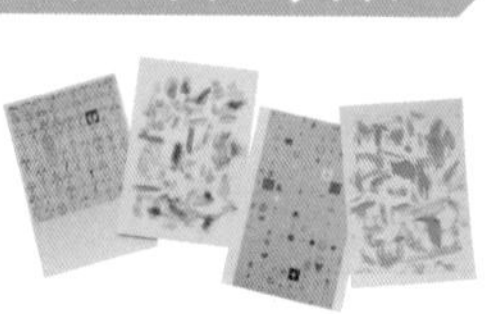

シール(小) 各220円
ポストカードとしても使える便利なシール

風呂敷(馬)グリーン・ブルー 2750円／横糸に太さの違う糸を織り込み、手触りも◎

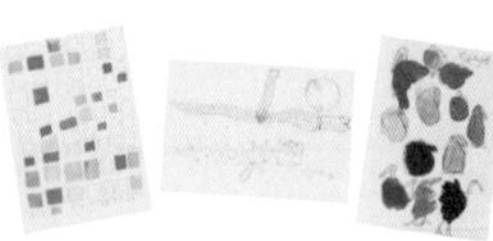

ポストカード 各110円
想像力を働かせながら眺めてみて

陶額 顔20 11000円
人気の顔シリーズが陶額で楽しめる

「イサム・ノグチ庭園美術館」もあります

世界的彫刻家のアトリエを、庭園美術館として公開。見学はEメール、FAX、往復はがきのいずれかによる完全予約制。

☎087-870-1500 ⓛ10:00～、13:00～、15:00～（所要約1時間、予約制）、7・8月は10:00～、11:30～ 休 月・水・金・日曜 ¥入館料2200円（2024年12月～価格改定予定） MAP付録① B-3

初期の椅子やテーブルなど貴重な作品を展示
（写真／ H.Amemiya）

ジョージ ナカシマ

日系米国人の家具デザイナー。讃岐民具連に共鳴し多くの作品を残す。

木々に囲まれた場所に建つ

木と自然を愛した家具作家の哲学にふれる

ジョージ ナカシマ記念館

‖高松‖ジョージナカシマきねんかん

ジョージ・ナカシマの作品と出会える、国内唯一の展示施設。約60点が並び、彼の生き方やものづくりの哲学を知れる。ナカシマの家具に触れながら休憩できるカフェもある。

☎087-870-1020 ⌂高松市牟礼町大町1132-1 ⓛ10:00～16:30 休日曜、祝日 ¥入館料550円 Pあり 👣ことでん塩屋駅から徒歩5分 MAP付録① C-3

世界的彫刻家のアトリエを美術館に

NAGARE STUDIO流政之美術館

‖高松‖ナガレスタジオながれまさゆきびじゅつかん

晩年まで制作活動を行っていたアトリエ兼住居を美術館として公開。スタッフによるガイド付きツアー形式で館内が見学できる。約150点を展示し、作品はすべて触れることができる。

☎087-871-3011 ⌂高松市庵治町3183-1 ⓛ10:30～、13:00～（3日前までの予約制、所要1時間） 休日～水曜 ¥見学料5000円 Pあり 👣さぬき三木ICから車で20分 MAP付録① C-2

建築も作品の一部

流政之

世界的な彫刻家。彫刻のほか、陶芸、家具デザインなど多方面で才能を発揮。

瀬戸内海を一望できる中庭にも作品を展示

代表作のひとつ『道』をイメージさせるアプローチ

東山魁夷

自らの内面を風景に託した心象風景を描く、昭和を代表する日本画家のひとり。

1階展示室のようす。作品は入れ替わりあり

風景画の巨匠の名画に魅せられて

香川県立東山魁夷せとうち美術館

‖坂出‖かがわけんりつひがしやまかいいせとうちびじゅつかん

東山魁夷の祖父の出身地・櫃石《ひついし》島を望む海岸沿いの美術館。東山魁夷の版画作品を中心に収蔵。瀬戸内海を望むカフェもある。

☎0877-44-1333⌂坂出市沙弥島南通224-13 ⓛ9:00～16:30 休月曜（祝日の場合は翌日休、G.Wは無休）、展示替え期間、不定休 ¥入館料310円（特別展開催時は別料金） Pあり 👣坂出北ICから車で10分 MAP付録① A-3

香川県の文化・芸術に影響を与えた芸術家・和田邦坊《くにぼう》の作品を展示する「灸まん美術館」も必見です。MAP付録① A-3

香川うまれの「いいもの」がそろう ライフスタイルショップでお買いもの

「まちのシューレ963」には、おみやげにうってつけのご当地食材や民芸品、日々の生活を豊かにする生活雑貨まで魅力的なアイテムがいっぱい。買い物の合間にはカフェにも立ち寄ってひとやすみ。

讃岐ものと上質な暮らしのアイテムを提案するショップ＆カフェ

まちのシューレ963

まちのシューレきゅうろくさん

香川を中心とした四国のおいしい食材をはじめ、上質な生活雑貨、讃岐ゆかりの伝統工芸品などを扱うライフスタイルショップ。カフェやギャラリーなど、5つのテーマで構成された店内では、それぞれのゾーンで心地のよいライフスタイルを提案する。

☎087-800-7888 ⌂高松市丸亀町13-3高松丸亀町参番街東館2F 🕒11:00～19:00（カフェは11:30～17:30、金～日曜は～19:30） 休 第3月曜（祝日の場合は振替休あり） P なし 👣ことでん片原町駅から徒歩6分 MAP 付録③ B-1

ギャラリーフロア

大小2つのギャラリーでは、県内外の作家を招いての企画展やお茶会を開催。ワークショップやトークイベントも毎月実施。

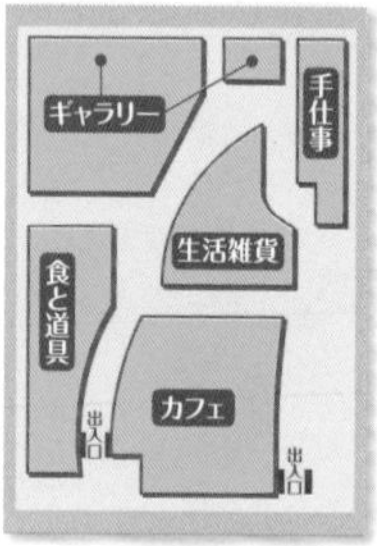

カフェフロア

香川在住の家具職人が作る椅子とテーブルが並ぶカフェ。旬の食材を使った体に優しいランチやケーキ、ドリンクが人気。

季節野菜たっぷりのランチ1800円

自家製ケーキ450円

シューレの意味とは？

ドイツ語で「学校」や「学び」を意味する言葉。香川や四国のライフスタイルの学びの場であることを表しているのです。

食と道具のフロア

メイドイン香川や四国の食材がずらり。地元の作り手とコラボしたオリジナル商品をおみやげに。

多田農園のいちごソース1150円
牛乳やアイスクリーム、カクテルと相性抜群のつぶつぶのいちごソース

大庄屋のさぬきぱすた100g270円
さぬきうどんの製法で作られた、もちもち食感の生パスタ

まちのシューレ963オリジナルクッキー詰め合わせ 2980円
ナッツやハーブ、抹茶など6種類のクッキーの詰め合わせ

三野製麺所の手打ちうどん1袋2玉入324円
コシと麺のつやが特徴の乾燥うどん。日持ちは製造から6か月

やまくにのパリパリ焙煎いりこ40g1袋702円
伊吹島産の銀付きいりこを使用。パリパリ食感がクセになる

シューレオリジナルティー（オレンジ缶「目覚めのお茶」、ブルー缶「おやすみ前のお茶」）各1620円
「目覚めのお茶」はばらのつぼみと阿波番茶のブレンドティー、「おやすみ前のお茶」はカモミールとほうじ茶のブレンドティー

生活雑貨フロア

衣類、器、台所道具、ステーショナリーなど、ユースフルな生活雑貨たち。毎日使うものだからこそ長く愛せる上質なものを選んで。

ユヌプラス リネン体洗いタオル各1540円
せっけんの泡立ちがよく、乾きも早いリネンのタオル

Awabi ware シューレオリジナル茶碗3850円
手にしっくりとなじむ感触と温かな風合いが魅力

によどヒノキウォータールームミスト300㎖1980円
高知県・仁淀川のヒノキ蒸留水にベルガモット精油をブレンドしたルームミスト

手仕事フロア

高松張子や讃岐かがり手まりなど、讃岐ゆかりの伝統工芸品をラインナップ。香川在住の作家による器や家具などもそろう。

起き上がり小法師お遍路さん　2640円
お遍路の文化が根付く香川らしい玩具。愛らしい表情も素敵

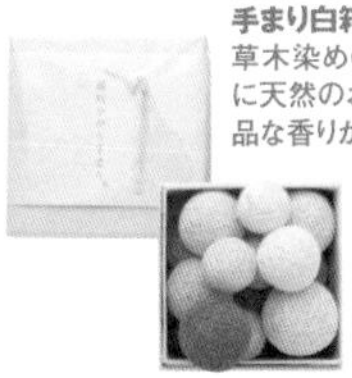

讃岐かがり手まりにほひ手まり白箱5170円
草木染めの小さな手まり。中に天然のお香が入っていて上品な香りが漂う。全5色

オリジナル木のフレームA5 5170円
絵や写真を飾る香川県産木材のフレーム

讃岐おもちゃ美術館shop.cafe P.76、かがわ物産館 栗林庵 P.77などにも、香川の素敵なものが集まっていますよ。

高松で見つけた
メイド・イン香川のクラフトたち

昔から引き継がれてきた、香川伝統の手仕事。
たくみの技を生かしたやさしい手ざわりの工芸品を
生活の一部に取り入れてみませんか。

1

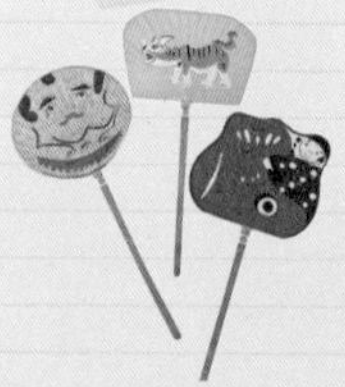

丸亀うちわ サヌキモノウチワ　各2200円
国の伝統的工芸品に指定された丸亀うちわをアレンジしたデザイン

1

組手箸おき 1セット(5個)2200円
接着剤などを使わずに木同士を組む技法、組手で作った繊細な細工の箸置き

1

漆花しだれ咲(白)　8800円
ワイヤーで組んだ花びらに漆をかけた繊細なピアス。身につける漆

1

漆　水玉カップ　各7150円
人気の片手カップのオリジナル水玉柄。ミルクティやカフェオレを飲んでほっこり

1

つまみ人形　各770円
5cmほどの小さな高松の工芸品。奉公さんやいぬまいさんなどがそろう縁起物

1

讃岐の手まり　15cm3410円~
香川伝統の手仕事で作られる讃岐の手まり。何種類ものかがり模様や多彩な配色が魅力(写真はイメージ)

1 伝統を守りながら現代の暮らしになじむアイテム
讃岐おもちゃ美術館shop.cafe
さぬきおもちゃびじゅつかんショップカフェ

讃岐おもちゃ美術館に併設されたショップ。手仕事で作られたおもちゃや伝統的工芸品が並ぶ。カフェでは香川の旬の食材を使ったサラダバーやデリが楽しめる。

☎087-887-6762 高松市大工町8-1 くるりん駐車場1F ⏰10:00～17:30、カフェは9:30～17:00 休木曜(祝日の場合は翌日休) Pあり ことでん片原町駅から徒歩5分 MAP付録③ B-1

2 伝統に新しい感性を取り入れた香川漆器
一和堂工芸
いちわどうこうげい

創業100年以上の香川漆器の老舗店。香川漆器の技法の一つである後藤塗の椀などが有名。伝統的な商品からデザイナーとコラボで生まれる新ジャンルまで幅広い品ぞろえ。

☎087-841-1531 高松市屋島東町1572 ⏰11:00～18:00頃 休土・日曜、祝日 Pあり ことでん古高松駅から徒歩3分 MAP付録① B-3

高松張子の絵付け体験

讃岐おもちゃ美術館shop.cafeでは、高松張子の奉公さんや招き猫などの絵付け体験が楽しめます。前日15時までの予約制。料金は1500円です。

2

木製・漆塗 後藤塗・黒塗水玉カップ 各11880円
伝統技法の後藤塗に水玉模様を描いた香川漆器。シックで可愛らしいデザイン

3

まるちゃん28600円(左)、はこちゃん17050円(右)
高松在住の作家いわもとあきこさんによる、“裂き織り”のバッグ

4

栗林庵オリジナルサコッシュ　1980円
リアルな刺繍「せと刺しゅう®」が入ったサコッシュ。伊吹いりこと高松盆栽の2種類

2

漆塗り筋入りカップ各5500円
漆器ならではの、やわらかな口当たりが魅力。小皿は各2420円、13cmスプーンは1320円

3

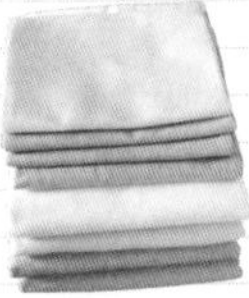

保多織《ぼたおり》シーツ セミダブル8580円など
江戸時代に考案された香川の織物。凹凸のある綿生地は丈夫で、吸水性が高い

4

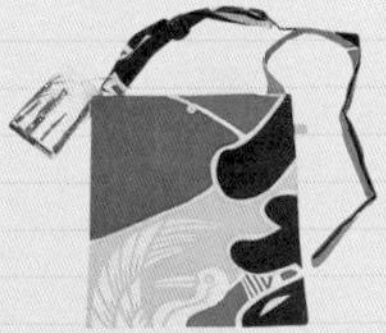

染匠 吉野屋　ショルダー(大)　5500円
香川の伝統技法「讃岐のり染め」で染めあげたバッグ。一点物なので、好みの柄を見つけて

3

作家もののアイテムをセレクト

NISHI NISHI

ニシニシ

築100年の民家の一部を雑貨店にリノベーション。県内外の作家ものの器や小物、洋服、アクセサリーなどが、ギャラリーの絵画のように美しくディスプレイされている。

☎087-868-0405 ⌂高松市伏石町1583 ⓛ11:00～18:00 休水曜 Pあり 👣ことでん三条駅から徒歩3分 MAP付録① B-3

4

香川の伝統と旬が充実

かがわ物産館 栗林庵

かがわぶっさんかんりつりんあん

栗林公園P.60に隣接したアンテナショップ。伝統工芸品から、香川発の新しいデザインのアイテム、県内のおいしいおみやげまで幅広くそろう。オリジナル商品も展開。

☎087-812-3155 ⌂高松市栗林町1-20-16 ⓛ10:00～18:00(時期により変動あり) 休無休 Pあり 👣ことでん栗林公園駅から徒歩10分 MAP付録③ A-2

「やさしく、おだやか」と称される香川県の人間性。そんな人たちの手から生み出される工芸品も同様です。

キュートな見た目が愛おしい 高松のおいしいおみやげ

**瀬戸内の恵みが詰まった一品から、地元で愛される銘菓まで
おみやげに買っておきたい、グロサリーをラインナップ。
かわいいパッケージが、気持ちも華やかにしてくれます。**

Ⓐ せとうち日和　1296円

手彫りの菓子型から作る「日和制作所」の和三盆。瀬戸内の風景をイメージした3種類

Ⓐ 遊々椿 八角おいりとカラカラ鯛　550円

香川で親しまれる嫁入り菓子「おいり」と、鯛のお菓子がセットに。鯛のなかには米菓子が入る

Ⓒ 瓦せんべい 3枚378円～

堅焼きの歯ごたえと風味が魅力の讃岐銘菓。和三盆の原料糖、白下糖を使った素朴な味わい

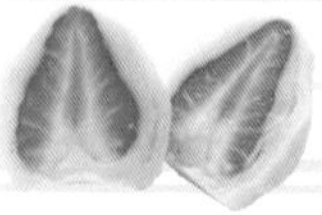

Ⓑ いちご大福 1個360円～

大粒イチゴを特製白餡とやわらかな羽二重餅で包む。季節ごとに旬の果物の大福が登場する

Ⓓ おとゝせんべい 1枚138円～

小エビやイイダコ、カレイなどを閉じこめた手焼きせんべい。季節ごとに魚種は異なる

Ⓔ 木守 1個162円

香川の銘菓として知られる和菓子。讃岐和三盆糖を塗った生地で、干し柿羊羹をサンド

Ⓐ 四国の名産品が一堂に集まる

四国ショップ88

しこくショップはちじゅうはち

四国の逸品や珍しい物産品、お遍路アイテムなど、バリエーション豊富に販売。香川県とのコラボアイテムも好評。

☎087-822-0459
高松市サンポート2-1 マリタイムプラザ高松 ホール棟1F
10:00～21:00（12～2月は～20:00）
休 無休 P あり JR高松駅からすぐ
MAP 付録③ A-1

Ⓑ 旬のフルーツ大福から銘菓まで

夢菓房 たから

ゆめかぼうたから

厳選素材の自家製餡と季節のフルーツを使った大福が名物。「栗みかさ」や手作り最中などの和菓子も人気。

☎087-844-8801
高松市春日町214
8:30～17:30
休 水曜（祝日の場合は翌日休） P あり
ことでん木太東口駅から車で5分
MAP 付録① B-3

Ⓒ 堅い歯ごたえの名物せんべい

久つ和堂総本店

くつわどうそうほんてん

1868（明治元）年創業の和菓子の老舗。看板商品は瓦せんべい。店内には喫茶コーナーも併設する。

☎087-821-3231
高松市片原町1-2
9:00～18:00 休 無休（喫茶コーナーは月曜、祝日の場合は翌日休） ことでん片原町駅から徒歩5分 P 契約駐車場あり
MAP 付録③ A-1

「日和制作所」の和三盆に注目

「せとうち日和」などの和三盆を作る日和制作所は、手彫りの木型と香川、徳島産のサトウキビから作る和三盆糖にこだわる工房です。
087-805-7444 12:00～16:00 休 月・火・木・土曜、不定休
MAP 付録③ B-2

F クアトロえびチーズ　8枚1188円
新鮮な小えびと厳選食材で作るえび煎餅で、チーズをサンド。カマンベールなどカラフルな4種類

H プシプシーナ珈琲
ドリップコーヒー
1袋　150円
高松の焙煎所「プシプシーナ珈琲」が作る。パックなので好みの濃さに調整できるのが魅力

G レモンオイル
150mℓ1000円
瀬戸内海に面する三豊市で栽培された減農薬レモンを使う。さまざまな料理にマッチ

F 栗林庵オリジナル
さぬきうどん
3人前563円
小麦本来の風味とモチモチした食感を大切に打ち上げた国内産小麦を100%使用する

G オリジナルドレッシング
190mℓ890円
かめびしの醤油、神崎屋の酢など香川ならではの材料を使う。「にんじん」と「玉ねぎ&生姜」の2種類

H さぬきマルベリーティ
(左から)レモン・プレーン
各648円、玄米540円
桑の葉を使ったノンカフェインのお茶で、フレーバーは3種類。香川のお母さんが手摘み、製茶まで行う

D 魚介の風味を楽しめる

象屋元蔵
きさやもとぞう

小魚を焼きあげた「おととせんべい」の店。昔ながらの製法で一枚ずつ手でていねいに焼きあげる。

087-861-2530
高松市藤塚町1-9-7
10:30～17:30 休 月曜（祝日の場合は営業）ことでん瓦町駅から徒歩15分
P なし MAP 付録③ A-2

E 由緒ある麩焼きせんべい

三友堂
さんゆうどう

麩焼きせんべい「木守」が名物。千利休が愛した木守茶碗の巴高台の焼印がポイント。

087-851-2258
高松市片原町1-22
9:00～18:30 休 無休
ことでん片原町駅から徒歩5分
P なし MAP 付録③ B-1

F **かがわ物産館 栗林庵**
かがわぶっさんかんりつりんあん
P.77

G **まちのシューレ963**
まちのシューレきゅうろくさん
P.74

H **讃岐おもちゃ美術館shop.cafe**
さぬきおもちゃびじゅつかんショップカフェ
P.76

「プシプシーナ珈琲」は、高松に店舗を構える珈琲焙煎所で、オリジナルコーヒーが県内のセレクトショップで取り扱われています。MAP 付録③ B-1

高松のステキが詰まったカフェで魅惑のスイーツをいただきます

香川旅の途中に、カフェでスイーツはいかがですか。
レトロな喫茶メニューや、県産果物を使ったおいしいおやつなど、
甘～いスイーツに癒やされる、口福タイムのはじまりです。

1多彩なランプが並びノスタルジックな雰囲気。テーブル席もある 2レジ前にあるステンドグラスにも注目 3商店街にあるのでショッピングの合間に立ち寄って 4自家製つぶあんとチーズ味のクリームが入っている銀座ロール400円とバニラチャイ600円

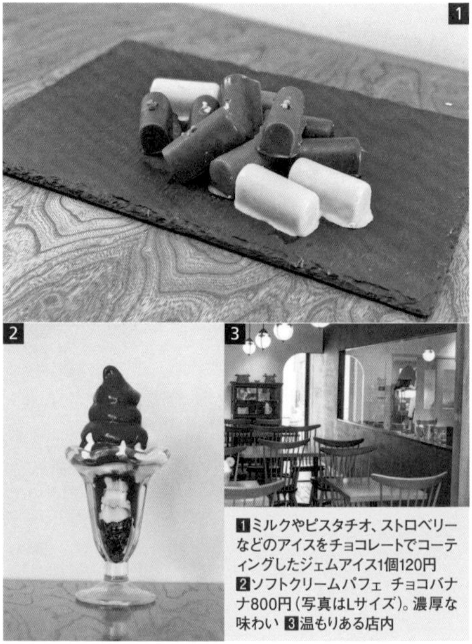

1ミルクやピスタチオ、ストロベリーなどのアイスをチョコレートでコーティングしたジェムアイス1個120円 2ソフトクリームパフェ チョコバナナ800円（写真はLサイズ）。濃厚な味わい 3温もりある店内

商店街で見つけた
ノスタルジックな喫茶店

ニューギンザ

和菓子店をリノベーションしたレトロな雰囲気の喫茶店。和の風情とアンティークのインテリアが融合するノスタルジックな店内でランチやスイーツを味わえる。自家製の銀座ロールとカフェオレが人気。

☎087-823-7065 高松市兵庫町2-4 太平堂ビル1F
11:00～18:00 休土・日曜、祝日 Pなし
ことでん片原町駅から徒歩10分 MAP付録③ B-1

アイスの専門店で味わう
なめらかな濃厚スイーツ

アイスビストロ ヒライ

自家製アイスの専門店。ミルクや和三盆など素材の味を生かした、ひと口サイズのアイス「ジェムアイス」が人気。濃厚で柔らかな口当たりの自家製ソフトクリームを使ったパフェも好評。季節のフルーツパフェもある。

☎087-802-2990 高松市塩屋町8-3
10:00～18:30（テイクアウトは～19:00）休無休
Pあり ことでん瓦町駅から徒歩5分 MAP付録③ B-2

世界チャンピオン監修のジェラートを

「瀬戸内ジェラートMARE」は、世界チャンピオンの柴野大造さん監修の店。地元食材を使ったものなど15種類以上が味わえます。☎087-835-3828 🕒11:00～19:00、日曜は10:00～18:00 休 火曜、1・2月は月～木曜（いずれも祝日の場合は営業）MAP 付録③ B-2

1 八百屋のフルーツタルト550円、アップルパイ605円（写真はイメージ） 2 はちみつ金柑スカッシュ 486円。柑橘は季節によって異なる 3 4 スタイリッシュなテーブル席のほか、外にはテラス席も

県産果物のフルーツタルトが
人気の洋菓子店

かにわしタルト店

かにわしタルトてん

青果市場出身のオーナーが目利きした、県産をはじめとする全国のおいしい果物のタルトが看板メニュー。果物に合わせて3タイプの生地を焼き分けたタルトが店頭に並ぶ。自家製の柑橘ドリンクと一緒にどうぞ。

☎087-897-6676 ⌂高松市木太町2区1559-15
🕒10:00～19:00（カフェは～ 17:00）休 火曜（祝日の場合は営業）
ことでん林道駅からすぐ P あり MAP 付録① B-3

1 定番で人気のあるさぬきのいちご姫1200円。まるでケーキのような、いちごたっぷりのクレープ 2 見た目も華やかな丸ごとプリン1000円。カスタードとチョコから選べる 3 高松ライオン通商店街のなかにあり、立ち寄りやすい立地

パティシエが作るクレープを
カラフルな空間で味わう

ジェニー ピンク クレープ

人気洋菓子店を営む川東パティシエが立ち上げたクレープ店。香川県産のいちごを主役にしたクレープは、まるでケーキのように洗練された一品。定番のナッツやバナナのほか、季節ごとに登場するイベントクレープも好評。

☎070-8484-4419 ⌂高松市大工町2-31
🕒12:00～18:00 休 水曜 P なし
ことでん片原町駅から徒歩5分 MAP 付録③ B-1

香川には県産果物を使ったローカルスイーツが充実しています。

木の温もりや海景色にほっこり ロケーションカフェで癒やされタイム

高松からひと足のばして、郊外で見つけた リラックス度満点の癒やしのカフェをセレクト。 海、山を感じる空間でほっとひと息、くつろいでみませんか。

1森のキーマカレー 950円。ドリンク付き 2緑に包まれた心地いい空間 3併設する日用品店では、オリジナルの木製品を販売する

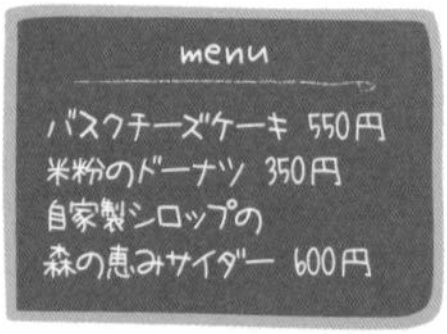

緑の木立に囲まれた 森の中のカフェ

KITOKURAS cafe

‖丸亀‖キトクラスカフェ

材木店が運営するカフェならではの、木をふんだんに使った空間が魅力。セルフサービスで料理を受け取ったら、広い敷地内のどこででも楽しめる。キーマカレーや産地を厳選したジュースが人気。

☎0877-86-5331
⌂丸亀市綾歌町栗熊東3600-5 🕒10:00～16:30 休木曜
👣ことでん栗熊駅から車で6分
Pあり
MAP付録① B-3

山の奥深くに建つ倉庫で 手作りお菓子をどうぞ

おかし工房Botan

‖観音寺‖おかしこうぼうボタン

お菓子職人の奥様と木工職人の旦那様が営むカフェ&工房。倉庫をセルフリノベーションした空間で味わえるのは、スコーン、焼き菓子、季節の果物を盛り込んだケーキなど、見た目もかわいいスイーツの数々。

☎0875-27-8478
⌂観音寺市粟井町4190-4
🕒11:00～17:00(売り切れ次第閉店)
休日～水曜、不定休 Pあり
👣JR観音寺駅から車で20分
MAP付録① A-4

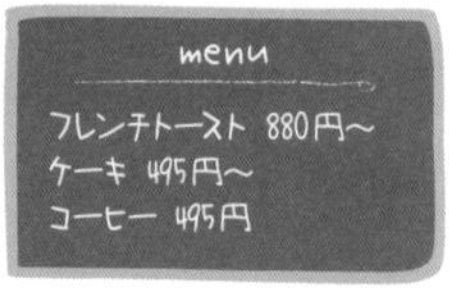

1店の前では猫がお出迎え 2ケーキプレート803円～。旦那様が手がけた木製プレートでサーブされる
3心地よいカフェスペース。スイーツや焼き菓子の販売も行う

木のある生活を提案する「KITOKURAS」

山一木材が手作りした、木と暮らすことを提案する基地。カフェはもちろん、森の散策やテラス席での読書など、思い思いに過ごせます。

1

2

1通年味わえるかき氷 いちご850円。三豊産イチゴの甘酸っぱさが楽しめる 2外の光が差しこみ、開放的な店内 3父母ヶ浜の海岸沿いに建つ人気店

menu

かき氷 仁尾レモン
(3月頃〜8月下旬) 930円
かき氷 ボイセンベリー
(通年) 850円

地元の果物で作る 自家製シロップが好評

KAKIGORI CAFÉ ひむろ

‖三豊‖カキゴオリカフェひむろ

目の前に父母ヶ浜P.98が広がるカフェ。三豊産のレモンやイチゴ、ミカンなど季節の果物を使った自家製シロップのかき氷が味わえる。ふわふわに仕上げたかき氷は、まろやかな特製練乳との相性もぴったり。

3

0875-82-2101
三豊市仁尾町仁尾乙202
11:00〜17:30（冬季は〜16:30)、SNSで確認 休月・火曜 Pあり
JR詫間駅から車で15分 MAP付録① A-4

瀬戸内海を眺める 海辺の一軒家カフェ

CLASSICO セトウチ珈琲

‖三豊‖クラシコセトウチこーひー

目の前に海を見渡せるロケーションが自慢。トーストを使った軽食やケーキ、ドリンクなどが味わえる。イチゴミルクにエスプレッソを加えた「ストロベリーカフェラテ」も好評。

0875-82-9045
三豊市詫間町積583 10:00〜17:30
(11〜2月は〜16:30)
休水曜 Pあり
JR詫間駅から車で20分 MAP付録① A-3

1
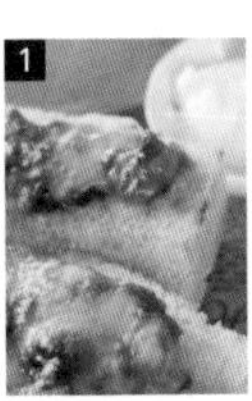

2

3

1小倉あん&チーズのトーストサンド500円 2さまざまなフレーバーが登場する人気のカフェラテ 3どの席からも海を眺められるが、なかでもカウンターは特等席

menu

ストロベリーカフェラテ 650円
小倉あん&チーズの
トーストサンド 500円
ケーキ各種（日替わり） 500円

一年中味わえるKAKIGORI CAFÉ ひむろのかき氷。なかに果物の果肉が入っているメニューもあり、食べ進めるのも楽しいですよ。

うどんだけじゃありません 地元で愛されるご当地の味

全国的にも知られる香川発祥のグルメや
長年愛される地元の味など、食べておきたいご当地料理がたくさん。
あなたはいくつ知っていますか？

あんもち雑煮

香川の郷土料理を
味わうカフェへ

甘味茶屋 ぶどうの木

‖高松‖かんみちゃやぶどうのき

香川で正月に食べる「あんもち雑煮」を1年中提供。白味噌の塩味とあんもちの甘味がマッチ。そのほか、約30種類のデザートが楽しめる。

（上）讃岐のあんもち雑煮690円。郷土料理のしょうゆ豆付き。和パフェや和菓子も楽しめる（下）高松ライオン通り商店街のなかにある

☎087-822-2042 ⌂高松市百間町2-1 ⏰10:00～19:00（日曜、祝日は～15:30）休月曜（祝日の場合は翌日休）Pなし ‼ことでん片原町駅から徒歩5分 MAP付録③ B-1

オムライス

行列ができる
昔ながらの洋食店

おなじみ

‖高松‖

小さな洋食の老舗で、店内はいつも満席。火・金曜限定で提供するオムライスが店の名物で、コクのある特製デミグラスソースが味の決め手。

（上）世代を超えてファンをもつオムライス750円。チキンライスとデミグラスソースの昔ながらの味わいが魅力（下）昼時は行列ができることも

☎087-861-7639 ⌂高松市瓦町2-5-10 ⏰11:30～13:30、17:00～19:30 休月・木曜 Pなし ‼ことでん瓦町駅からすぐ MAP付録③ B-2

きも玉焼

カリカリ食感の
お好み焼き

ふみや本店

‖高松‖ふみやほんてん

名物の「きも玉焼」は、朝仕入れる鶏の砂ずりやレバーをのせ、外側はカリカリになるまで焼いたお好み焼き。フルーティーなソースがアクセント。

（上）きも玉焼800円。外側のカリカリ感と、自家製ソースが美味（下）1952（昭和27）年創業で、先代からの味を守り続ける名店

☎087-831-5090 ⌂高松市瓦町2-2-35 ⏰11:30～13:30、16:00～18:30 休火・水曜（祝日の場合は不定休）Pなし ‼ことでん瓦町駅から徒歩5分 MAP付録③B-2

讃岐の郷土料理「押し抜き寿司」

瀬戸内海で獲れたサワラを使う郷土料理。酢飯の間に具が挟まれ、松や梅などの型に詰めて押し出されます。

骨付鳥

**うまみが凝縮した
骨までおいしい骨付鳥**

寄鳥味鳥

‖高松‖ よりどりみどり

香川県産の朝びき鳥を使う骨付鳥が名物。若どりはジューシーでやわらかく、親どりは歯ごたえが十分で凝縮したうまみが楽しめる。

(上) スパイスの効いた骨付鳥は香川の夜ごはんの定番。若どり、親どりともに1000円 (下) 広々とした店内。1人でも利用しやすい雰囲気

☎087-822-8247 ⌂高松市兵庫町1-24 木村屋ビル2F ⓛ17:00～21:30 (骨付鳥は～21:15) 休水曜、第1日曜 Ⓟなし 🚶JR高松駅から徒歩10分 MAP付録③ B-1

餃子×すだち胡椒

**爽やかな餃子を
めしあがれ**

餃子 寺岡商店丸亀本店

‖丸亀‖ ぎょうざてらおかしょうてんまるがめほんてん

すだち汁に胡椒をたっぷり入れたタレで味わう餃子の店。すだちの爽やかさが口に広がる。大根おろしで食べる白だくにんにくも評判。

(上) すだち付き餃子 (6個) 380円。すだちの爽やかさが餃子にマッチ (下) すだち胡椒がブームを呼び、全国的な人気店へ

☎0877-25-4304 ⌂丸亀市大手町3-8-11 ⓛ17:00～20:30 (金曜は～21:15、土曜は16:00～21:15、売り切れ次第終了) 休日曜、祝日 Ⓟなし 🚶JR丸亀駅から徒歩7分 MAP付録① A-3

たこ判

**懐かしい味わいの
大きなたこ焼き**

たこ判小前

‖三豊‖ たこばんこまえ

たこ焼きを大判焼きサイズにアレンジした「たこ判」。卵やチーズ入りなど約20種類がある。焼き上がりに時間がかかるので予約がベター。

(上) たこ判216円。キャベツ、たこ、天かす入りが基本。地元ではおやつとして人気がある (下) 大判焼きの鉄板で、手際よく焼き上げる

☎0875-82-3189 ⌂三豊市仁尾町仁尾辛33-9 ⓛ9:00～16:00 (売り切れ次第終了) 休月曜(祝日の場合は翌日休) Ⓟあり 🚶JR詫間駅から車で10分 MAP付録① A-3

オリーブ牛やオリーブ豚といった、香川のブランド肉を使った料理もおすすめです。

高松で見つけた素敵な店で瀬戸内の魚料理をいただきます

うまみがたくさん詰まった瀬戸内海の旬の魚介を
おいしく食べられるイタリアンや郷土料理、日本料理のお店をご紹介します。
高松の夜ごはんにいかがですか。

1コース料理4400円～。写真のサワラのたたきは、コースの一例 2香川の食材だけをふんだんに使った料理がそろう

讃岐の伝統料理を
新感覚の一皿に

おきる

menu
讃岐白味噌あんもち雑煮を
コース料理に追加
コース+770円

香川の郷土の味から現代的アレンジを加えたものまで楽しめる料理店。食材だけでなく調味料も可能な限り地元産を使用する。魚料理なら瀬戸内海のサワラ料理がおすすめ。うまみを引き出したたたきで提供する。

居酒屋 ☎087-851-6545 🏠高松市福田町13-5
🕔17:30～23:00（前日までの完全予約制）【休】不定休 【P】なし
ことでん瓦町駅から徒歩5分 【MAP】付録③ B-2

1刺し身盛り合わせ1人前1000円～（写真は2人前）。この日は、鰆の塩タタキ、鱧の湯引き、真鯛の昆布締めなど7種類 2たたずまいからもいい味が漂う 3瀬戸内の民芸品、作家ものの器など空間や器使いもすてき

味付け、盛り付け、器使いの
すべてが秀逸な創作居酒屋

たべごとや 艸

たべごとやそう

menu
牛ホホ大根 1600円
オリーブ豚のロースト 1500円

瀬戸内の旬の素材を主役にした料理は、定番から創作まで幅広いライナップ。盛り付けや器使いも美しく、女性からの人気が高い。湯引き、炙りなど魚ごとに調理法を変えて提供する刺し身盛り合わせは、ぜひオーダーを。

居酒屋 ☎087-834-2678 🏠高松市瓦町2-8-8
🕔17:30 ～ 23:30 【休】月曜 【P】なし
ことでん瓦町駅から徒歩3分 【MAP】付録③ B-2

多種多様な魚介を育てる瀬戸内海

エサが豊富で内海独特の潮の流れと速さが特徴。瀬戸内海を泳ぎ回る魚は、身が締まり濃厚なうまみが凝縮しています。

1 その日の鮮魚で作る瀬戸内鮮魚のカルパッチョ1200円 2 天然ヒラメのポワレ1540円（時期により無い場合あり） 3 シンプルでこぢんまりとした店内

鮮魚ならではの食感をイタリアンで楽しめる

Mio.paese

ミオパエーゼ

menu

ディナーコース
4000円

“私の故郷” という意味をもつ店名どおり、地元の自然の恵みをふんだんに取り入れたイタリア料理店。店内の生け簀から取り出す新鮮な魚介をシンプルに調理し、自家製のドレッシングなどで仕上げている。

イタリアン ☎087-823-3388 ⌂高松市今新町7-4 杉本ビル1F 🕒18:00～22:00（金曜は～24:00）、土曜は14:00～24:00（日曜、祝日は～22:00） 休不定休 Pなし ‼ことでん片原町駅から徒歩7分 MAP付録③ B-1

1 ある日のコースの一例。瀬戸内の海の幸と季節の野菜を堪能できる 2 吉野杉の柱や梁が上質な空間を作り出す 3 料亭のような風格あるたたずまい

瀬戸内海を望む豊かな景色と日本家屋のプライベート空間

ラ・プロヴァンス 牟礼山荘

ラプロヴァンスむれさんそう

menu

ランチコース・ディナーコース 11000円～
（別途サービス料5%）

瀬戸内海を見渡す一軒家レストラン。フランスの星付き店で腕を磨いたシェフが作るのは、瀬戸内の幸や季節野菜など香川ならではの食材を使った本格フレンチ。昼・夜ともに一組限定のおもてなしで贅沢時間を味わって。

フレンチ ☎087-880-1358 ⌂高松市牟礼町大町2387-15 🕒12:00～13:00、18:00～19:30（予約制） 休不定休 Pあり ‼ことでん八栗新道駅から徒歩10分 MAP付録① C-3

瀬戸内海の魚介の代表といえば、サワラ、ゲタ（舌平目）、ハマチ、アナゴ、タコ、ワタリガニ、マナガツオなどです。

myことりっぷ

ノスタルジックとモダンデザインが融合する
仏生山をおさんぽしましょう

**高松市街からことでんに揺られて10分ほどで到着する仏生山《ぶっしょうざん》。
高松藩主松平家の菩提寺の法然寺や江戸時代の商家や町家が残る古い門前町、
はたまた洗練されたカフェやモダンな温泉もあって魅力的な町に進化中です。**

足元の木の温もりが心地よい館内

仏生山の町をぶらり歩き

ことでんに乗って仏生山駅に到着

三角屋根が特徴的

センスが光るモダンな建物

古書各200円を販売する「仏生山温泉小書店」

食堂は🕘11:00～22:00

**読書しながら
保湿効果の高い
美人の湯に浸かる**

仏生山温泉

ぶっしょうざんおんせん

スタイリッシュな日帰り温泉施設。高い天井から自然光があふれるシックな休憩所、源泉かけ流しの大浴場と露天風呂、食堂などがあり、リラックスできる。

☎087-889-7750 住高松市仏生山乙114-5 🕘11:00～24:00(土・日曜、祝日は9:00～) 休第4火曜 ¥入浴券700円 Pあり 徒ことでん仏生山駅から徒歩8分 MAP付録① B-3

42℃のヒノキの浴槽と33℃のヒバの浴槽がある

「本格手打ちさぬきうどん 竜雲」へ

法然寺の境内のうどん店で、珍しいつけ麺スタイルで手打ち麺をどうぞ。

☎087-889-1217 ⏰11:00～14:30 休火・金曜 MAP付録① B-3

ノスタルジックな大衆劇場を発見

お成り街道には歴史ある民家や商店が並ぶ

通風と明かりとりのための窓がある町家

ちきり神社の前にある石標。西へ進めば法然寺に着く

緑に囲まれた憩いの場所

「Café ISOYA」のパンケーキ900円～は季節によって内容が異なる（写真のパンケーキは1480円）

「窯焼きバーグ五十八」でランチを召し上がれ

食と農がテーマの話題の複合施設

仏生山の森 ぶっしょうざんのもり

フラワーガーデン、菜園、レストラン、カフェ、BBQテラスなど個性豊かな施設が集まる。食後には園内散策も楽しんで。

☎087-813-0843 ⌂高松市仏生山町甲884-2 ⏰11:00～21:00（施設により異なる） 休無休 Pあり 🚶ことでん仏生山駅から徒歩7分 MAP付録① B-3

10種類の具材を挟んだDサンド1320円

パンが主役の具沢山サンド

天満屋サンド てんまやサンド

築100年以上の呉服屋をカフェに再生。自家製パンが主役のサンドイッチは全4種類。盛り付けからもおいしさが伝わる。

☎087-889-1630
⌂高松市仏生山町甲542
⏰11:00 ～ 17:00 休火・水曜 Pあり
🚶ことでん仏生山駅から徒歩10分
MAP付録① B-3

愛すべきユニークな雑貨

TOYTOYTOY
トイトイトイ

文具、作家ものの作品、おもちゃなどジャンルレスな雑貨が並ぶ。アーティスト作品を展示するギャラリーも併設。

築50年の木造アパートをリノベーション

☎なし ⌂高松市仏生山町甲455-2
⏰12:00頃～17:00 休月・火曜 Pあり
🚶ことでん仏生山駅から徒歩10分 MAP付録① B-3

仏生山では町全体を1つの旅館と捉えた「仏生山まちぐるみ旅館」を10年がかりで計画。進化し続ける仏生山の町並みに期待大です。

四国随一のパワースポット こんぴらさんへ、しあわせ参り

江戸の昔から、一生に一度は行ってみたいといわれるほど、憧れだった「こんぴら参り」。今もその気持は変わりません。みんなの幸せを願いながら、長い石段を登りましょう。

ぐるっと回って **3時間**

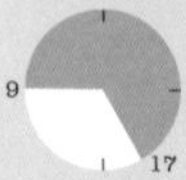

おすすめの時間帯

石段を上り下りするため歩きやすい格好を。石段の道中にカフェや文化施設が点在するので、立ち寄りながら御本宮を目指しましょう。

長い石段を登りながら建築美と芸術美にふれる

金刀比羅宮 ことひらぐう

「こんぴらさん」の愛称で親しまれ、全国から多くの参拝者でにぎわう神社。標高521mの象《ぞう》頭山《ずさん》の中腹に鎮座し、参道から奥社の厳魂神社までは1368段の石段が続く。道中には、建築美が見事な旧跡、仏像などを所蔵する文化施設が点在する。

☎0877-75-2121 住琴平町892-1 営6:00～18:00 Pなし 交JR琴平駅、ことでん琴電琴平駅から徒歩15分(表参道上り口まで) MAP付録① C-4

1 御本宮の創建は、大化の改新より前と伝わる 2 大門から150mほど続く石畳の道は「桜馬場」と呼ばれる桜の名所 3 金刀比羅本教の教祖である厳魂彦命を祀る厳魂神社 4 御本宮付近の高台からは讃岐平野が一望できる

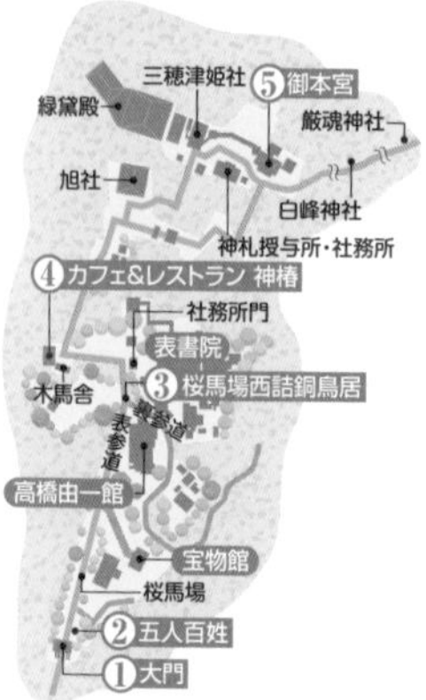

参拝前に知っておきたい金刀比羅宮のイロハ

イ ご利益はいろいろあります

御祭神は大物主神と崇徳天皇。海上安全、五穀豊穣などのご利益がある。

二礼二拍手一礼で参拝

ロ 1368段の石段を上り下りします

参道の石段は、御本宮まで785段、厳魂神社までは1368段もある。

履きなれた歩きやすい靴で訪れて

ハ シンボルカラーの黄色がたくさん

道中の各所で黄色を目にする。稲や麦の色を表しているのだとか。

提灯や幟も黄色で統一

What's こんぴら狗《いぬ》

その昔、遠方で金刀比羅宮へ参拝できない主人の代理として、飼い犬に「代参」させる風習があったそう。境内には、当時のことを伝える狗の銅像がありますよ。

ここから参拝スタートです

急勾配の石段を上った先にそびえる

1 大門 365段目

おおもん

境内の入口にあたる場所。二層入母屋造り瓦葺きの門構えにも注目。

2 五人百姓 365段目

ごにんびゃくしょう

大門をくぐってすぐ、境内で唯一商売が許されている5軒の飴屋。

大きな日傘を立てて飴を販売

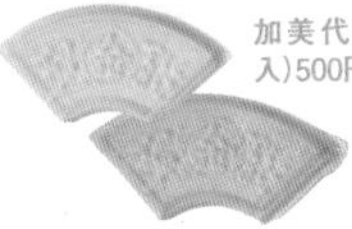

加美代飴(5枚入)500円

3 桜馬場西詰銅鳥居 431段目

さくらのばばにしづめどうとりい

銅製の大鳥居。広場が広がり、奥には神馬を飼養する御厩がある。

黄色の看板が目を引く

宝物館 370段目

ほうもつかん

十一面観音像をはじめ、鎧や能面、書画などの歴史資料を展示。

🕒9:00～16:00 休無休

¥入館料800円

十一面観音立像

高橋由一館 431段目 アートに立ち寄り

たかはしゆいちかん

日本洋画を開拓した高橋由一の油絵27点を常設展示する。

🕒9:00～16:00

休無休 ¥入館料800円

『鯛』(1879年)

表書院 477段目 アートに立ち寄り

おもてしょいん

金光院別当が応接に用いた客殿だった表書院を公開。円山応挙の見事な障壁画も鑑賞できる。

🕒9:00～16:00 休無休

¥入館料800円

円山応挙『虎の間』遊虎図(1787年)

写真提供:金刀比羅宮

カフェでひと休み♪

4 カフェ & レストラン 神椿 500段目

カフェアンドレストランかみつばき

境内唯一のカフェ。豊かな自然を感じる憩いの空間。

☎0877-73-0202

🕒カフェは10:00～16:30、レストランは11:30～14:00

休カフェは無休、レストランは火曜

陶板壁画に彩られる空間もすてき

神椿パフェ 1230円

5 御本宮 785段目

ごほんぐう

檜皮葺き、大社関棟造りの社殿で、心身を清めて参拝を。

幸福の黄色いお守り+ミニこんぴら狗1500円

現在の社殿は、1878(明治11)年に改築されたもの

金刀比羅宮の巫女さんの装束に注目してみて。全国的にも珍しい、濃色(紫紺)の袴を身に付けています。

参拝後のお楽しみ
門前町をそぞろ歩き

**こんぴらさんを参拝したあとは、門前町の散策へ。
歴史を感じる芝居小屋や、みやげもの店など
観光やショッピングを楽しむそぞろ歩きに出発しましょう。**

現存する日本最古の
芝居小屋を見学

旧金毘羅大芝居（金丸座）《きゅうこんぴらおおしばい(かなまるざ)》

1835（天保6）年に建てられた芝居小屋で、江戸時代の面影が残る内部を見学・撮影できる。役者が宙乗りするために設置された「かけすじ」など見事な意匠が残る。

芝居小屋 ☎0877-73-3846 ⌂琴平町1241 ⓛ9:00～16:30 休 無休（催事による臨時休あり） ¥ 入館料500円 P なし 🚶JR琴平駅から徒歩20分 MAP 付録① C-4

廻り舞台や花道など当時の面影を残す

木造2階建て、瓦葺きの風情ある建物

飴屋さんが営む
スイーツショップ

五人百姓 池商店《ごにんびゃくしょういけしょうてん》

創業1245年の五人百姓P.91の一軒で、金刀比羅宮のご利益飴を製造。季節ごとの飴を使ったスイーツやひやしあめドリンクが味わえる。カフェスタンドやイートインスペースで休憩もできる。

スイーツ店 ☎0877-75-3694 ⌂琴平町933 ⓛ9:30～18:00 休 不定休 P なし 🚶JR琴平駅から徒歩20分 MAP 付録① C-4

飴屋さんのひやしあめソーダ 450円

飴屋さんのお芋パフェ 650円（秋冬限定）

こんぴら銘菓から
オリジナル雑貨まで

紀ノ国屋本店《きノくにやほんてん》

こんぴら名物の石松まんじゅうや舟々せんべいを製造・販売するみやげ店。手ぬぐいなどのみやげもののほか、海上安全のご利益があるこんぴらさんにちなんで、全国の海の恵みも取り扱う。

みやげ店 ☎0877-75-2474 ⌂琴平町983 ⓛ10:00頃～17:00頃 休 水曜、不定休 🚶JR琴平駅から徒歩15分 MAP 付録① C-4

舟々せんべい2枚100円。和三盆や県産卵を使う、やさしい味

こんぴら手ぬぐい各1100円。舟々せんべいや石段がモチーフ

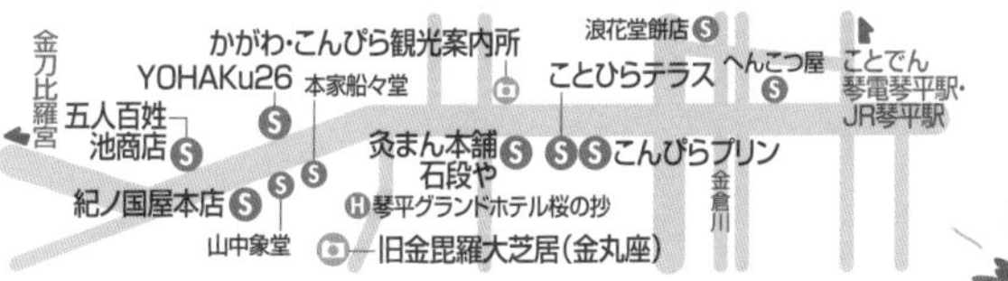

おいりソフトをパクリ

「ことひらテラス」では、おいりとソフトの口どけが楽しめる、嫁入りおいりソフト350円を販売しています。

0877-75-0001（中野うどん学校） 9:30～16:30 休 不定休 MAP 付録① C-4

作家とのコラボ作品や雑貨みやげが充実

YOHAKu26《ヨハクにーろく》

「こんぴら」をモチーフにしたアクセサリーや雑貨など、さまざまな作家とのコラボレーション商品を扱うセレクトショップ。

みやげ店 0877-73-0377
琴平町948-2 13:00頃～17:00頃
休 月～金曜、不定休 P なし
JR琴平駅から徒歩15分 MAP 付録① C-4

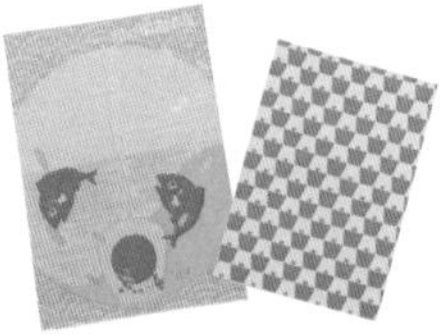

GOSHUINノート各2530円。伝統工芸の織物職人とのコラボで誕生した御朱印帳

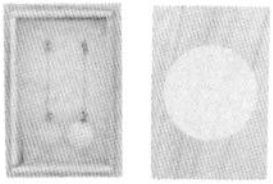

oiri kazari3850円。香川のお菓子「おいり」を樹脂で固めたアクセサリー

こんぴらみやげの定番銘菓はこちら

灸まん本舗石段や《きゅうまんほんぽいしだんや》

お灸の形をしたこんぴら銘菓「灸まん」で有名な店。ぜんざいや和菓子を味わえる茶屋としても人気で、参拝者が休憩に訪れることが多い。みやげ用のさぬきうどんも好評。

みやげ店 0877-75-3220
琴平町798 8:00～17:00
休 無休 P なし JR琴平駅から徒歩10分
MAP 付録① C-4

灸まん 12個入1296円。上質な黄味餡は甘さ控えめ

ざいご煎餅1枚65円。香ばしいアーモンドスライスが入る

キュートなプリンを旅のおともに

こんぴらプリン

パティシエが手がける本格派。固めのレトロタイプから、クリーミーなものまで6種類そろう。県内産のそれいゆ卵や北海道産の純生クリームなど、素材にもこだわる。

プリン店 0877-85-5560 琴平町716-5 9:30～17:30（土・日曜、祝日は～18:00、なくなり次第閉店） 休 無休 P なし
JR琴平駅から徒歩10分 MAP 付録① C-4

幸せの黄色いプリン430円。瀬戸内レモンのジュレがマッチ

なめらかプリンの上にソフトがのるミックスプリンパフェ 550円。

かがわ・こんぴら観光案内所では、観光案内のほか、手荷物預りが利用できます。10:00～16:00 休 水曜（祝日の場合は営業） MAP 付録① C-4

やさしい気持ちになれる素朴な味わいのおやつ

口どけの良さや上品な風味、見た目の愛らしさ。
選ぶ基準はそれぞれだけど、どれも懐かしい。
日常に戻る自分への、ちょっとしたおみやげにいかが？

A

銭形がモチーフの洋風まんじゅう

観音寺
箱入10個 1300円〜
洋風生地で黄身餡を包み込んだ、しっとり&ふんわりした食感

B

羽根突きの羽根のように愛らしい

羽根さぬき 丸箱
32個入 1944円
13個入 756円〜
粉雪のような和三盆を使った干菓子。優しい甘さが口の中に広がる

C

かまどを模したかわいらしい饅頭

名物かまど 12個入
1200円
餡には厳選した大手亡豆を使い、ふんわりとした生地で包み込む

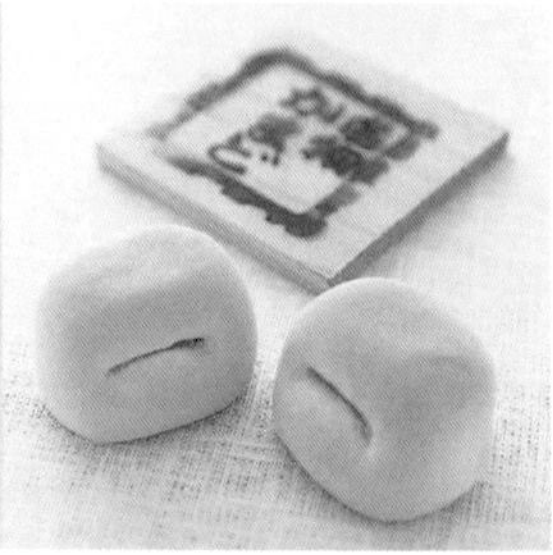

D

香川の伝統工芸品がかわいいせんべいに

丸亀うちわせんべい
1枚81円
全国シェア9割を誇る丸亀のうちわを模ったせんべいは、玉子風味の素朴な味わい

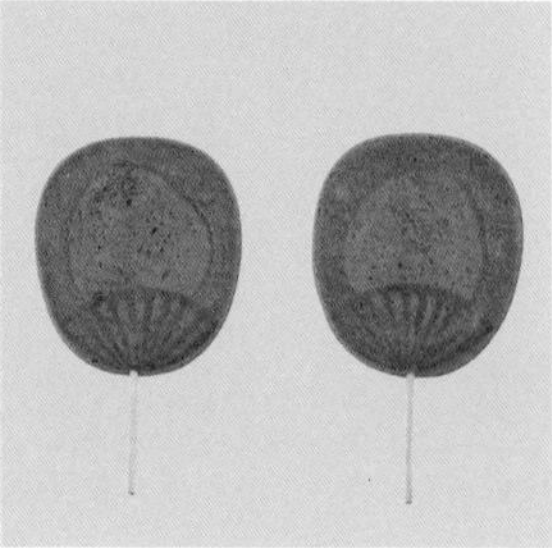

A

白栄堂柳町本店

‖**観音寺**‖はくえいどうやなぎまちほんてん

創業100年の老舗菓子店。巨大砂絵で有名な「寛永通宝」の焼印が押された「観音寺」が名物。別棟では洋菓子の販売やカフェもある。

☎0875-25-3888 ⌂観音寺市観音寺町甲1125-7
🕒9:00〜18:00
休 木曜（祝日は営業） P あり
JR観音寺駅から徒歩10分
MAP 付録① A-4

B

三谷製糖羽根さぬき本舗

‖**東かがわ**‖みたにせいとうはねさぬきほんぽ

高級和菓子によく使われる和三盆を使用。手作りの各種干菓子は見た目も美しく、やわらかな口どけと上品な味わいで長年愛されている。

☎0879-33-2224 ⌂東かがわ市馬宿156-8 🕒9:00〜18:00
休 無休 P あり JR讃岐相生駅から徒歩10分
MAP 付録① C-3

C

名物かまど総本店

‖**坂出**‖めいぶつかまどそうほんてん

讃岐を代表する「名物かまど」のほか、季節を感じられる和洋菓子を作る。かまどパイやチョコかまどなどの変化形も人気。

☎0877-46-6600
⌂坂出市江尻町1247
🕒9:00〜19:00 休 無休
P あり JR八十場駅から徒歩20分 MAP 付録① B-3

D

御菓子司 寶月堂

‖**丸亀**‖おかしつかさほうげつどう

創業100余年の歴史を誇る和菓子店。丸亀うちわのほか丸亀城を模したものなど、地元ならではのお菓子はおみやげにぴったり。

☎0877-23-0300
⌂丸亀市米屋町16 🕒9:00〜18:00（水曜〜17:00） 休 無休
P あり JR丸亀駅から徒歩7分 MAP 付録① A-3

和三盆スイーツ

伝統的な製法で作られる和三盆糖は上品な甘さが特徴で、ヨーグルトやロールケーキ、プリンなど様々なスイーツに使われています。

E

大山牧場の
ジャージー牛乳

ジャージー牛乳 200ml 280円
ミルク珈琲 200ml 340円

大山牧場に暮らすジャージー牛のミルクとミルクコーヒー

F

ほの甘い嫁入り菓子で
幸せ気分に浸る

讃岐の銘菓
594円

まんまるでカラフルなお菓子おいり。口どけもよくほんのりニッキの香り

G

南国フルーツを
おみやげに

ジャム（マンゴー）
140g756円

果肉を漬していないため、果物本来の味が楽しめる無添加ジャム

H

砂糖を使わない
伝統の手作り飴

ぎょうせん飴 瓶入
（300g）1200円

餅米と麦芽のみを、大きな釜でじっくり炊き上げて作る水飴

E

大山牧場うしおじさん

‖さぬき‖おおやまぼくじょううしおじさん

ジャージー牛の牧場。ヤギや羊、ポニーと触れ合える動物広場、乳製品やミルクを使ったパンやスイーツを販売する店もある。パンやピザ作り体験も。

☎0879-43-5645 住さぬき市大川町富田西224 時9:00～17:00 休水曜（祝日の場合は営業） Pあり JR神前駅から徒歩15分 MAP付録① C-3

F

山下おいり本舗

‖三豊‖やましたおいりほんぽ

西讃で嫁入りに欠かせない「おいり」は5ミリ角の餅生地を煎って作る。年数をかけて改良した、ふわりとした口どけのカラフルなお菓子。

☎0875-72-5438 住三豊市高瀬町新名1018-20 時10:00～18:00 休不定休 Pあり JR高瀬駅から徒歩10分 MAP付録① A-4

G

annfarm

‖三豊‖アンファーム

マンゴーなどのトロピカルフルーツを育てる果樹園が営む。新鮮な果物はもちろん加工品も販売。スイーツを味わえるカフェも併設。

☎0875-67-2336 住三豊市財田町財田上6476-1 時10:00～17:00 休水曜（10～3月は水・木曜） Pあり さぬき豊中ICから車で40分 MAP付録① A-4

H

三原飴店

‖三木‖みはらあめてん

享保の時代から約300年余り、変わらぬ製法で炊き上げている老舗。国産の餅米と、「さぬきの夢2009」という地元産の小麦を発芽させて使っている。

☎087-898-1377 住三木町池戸3746-2 時9:30～12:30、13:30～16:30 休木・日曜 Pあり ことでん農学部前駅から徒歩7分 MAP付録① B-3

香川のおいりはアイスにトッピングしてもかわいいですよ。

潮風が心地よい瀬戸大橋周辺と美しい水景が広がる四国水族館へ

**四国と本州を結ぶ瀬戸大橋のたもとに広がる坂出《さかいで》と宇多津《うたづ》。
瀬戸内のシーサイドを代表する2つのエリアで
潮風を感じる素敵な場所を訪ねてみました。**

瀬戸大橋は坂出の3つの島を結んでいます

櫃石島《ひついしじま》
周囲5.5kmの漁業の島。小笠原流弓術で豊凶を占う「ももて祭」は県の無形民俗文化財。

岩黒島《いわくろじま》
島の北側が、閃緑岩という黒っぽい岩でできていることが島名の由来とされている。

与島《よしま》
坂出や児島から路線バスで行ける。すぐそばには灯台が設置された無人島鍋島がある。

瀬戸大橋って？
本州と四国を結ぶ橋で、道路·鉄道併用の橋としては世界最大級。瀬戸内海の多島美をバックにした雄大な景色は圧巻です。 MAP 付録① A-2

島から眺める瀬戸大橋
与島PA
よしまパーキングエリア

瀬戸大橋のほぼ中央に位置し、展望台から橋の姿を見渡すことができる。フードコートやセルフうどん店、みやげもの店などがある。

☎0877-43-0226（与島プラザ） 住坂出市与島町 時セルフうどん店は10:00～16:00（土·日曜、祝日は～17:00）、フードコート8:00～20:30（土·日曜、祝日は7:30～21:00） 休無休 Pあり 交瀬戸中央自動車道坂出北ICから児島IC方面へ8.3km MAP 付録① A-2

緑と海が美しいドライブスポット
五色台 ごしきだい

黄峰、黒峰、青峰、白峰、赤峰の5つの峰が連なり、スカイラインが整備されている。

景勝地 ☎0877-45-1122（坂出市観光案内所） 住坂出市大屋冨町 MAP 付録① B-3

360度のパノラマ！

海&山の景色が楽しめる回転式の展望塔
瀬戸大橋タワー
せとおおはしタワー

瀬戸大橋記念公園内にある展望タワー。108mもの高さまで回転しながら昇り、頂上部で3回転。約10分間の360度のパノラマビューを楽しんで。

展望タワー ☎0877-45-8791 住坂出市番の州緑町6-6 時9:00～16:20 休月曜（祝日の場合は翌日休） ¥展望台入場料800円 Pあり 交バス停東山魁夷せとうち美術館前からすぐ MAP 付録① A-3

西
沙弥島や香川県立東山魁夷せとうち美術館→P.73などが見える

Close up

東
瀬戸大橋はもちろん、直島から五色台、城山までを一望

四国水族館で休憩＆お買い物

瀬戸内海を一望するレストランなど、館内には3つの飲食店があります。ミュージアムショップでのお買い物も楽しんでくださいね。

水族館の目玉、海豚《いるか》プール

瀬戸内海を借景に、イルカがのびのびと遊んだり躍ったりする様子がライブ観賞できる。夕暮れ時は特にロマンチック。

瀬戸内海に面して建つ水族館

四国水族館

しこくすいぞくかん

画像提供：四国水族館

四国水景をテーマにした水族館。瀬戸内海や四万十川といった四国ならではの水域に生息する生き物約400種、1万4000点を展示する。

☎0877-49-4590 宇多津町浜一番丁4
9:00～18:00（季節により変動あり）
休 無休 ¥ 入館料2400円 P あり
JR宇多津駅から徒歩12分
MAP 付録① A-3

画像提供：四国水族館

アートな展示も注目です

四国にゆかりの深い浦島伝説を、仏教芸術、書アート、光の切り絵で表現。作品内容は変動あり。

こんな水景と出会えます

神無月《かんなづき》の景

水槽下から見上げるように、アカシュモクザメが悠々と泳ぐ様子を観賞。

渦潮《うずしお》の景

世界三大潮流のひとつである鳴門の渦潮を再現。海中の魚の様子もぜひ見学を。

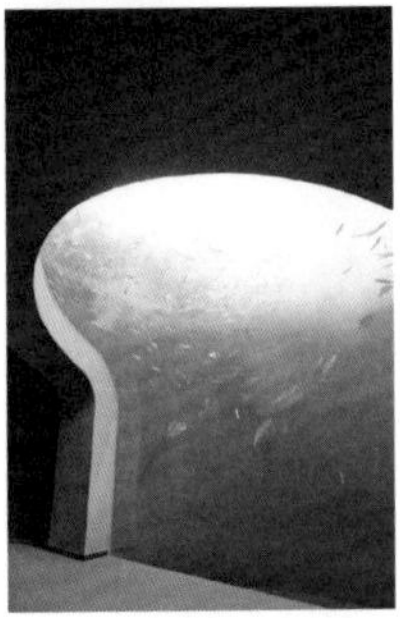

迫力ある渦潮が目の前に！

綿津見《わたつみ》の景

四国最大の650㎡の水槽で、黒潮に暮らす大小さまざまな魚たちが遊泳するようすを展示。

四国水族館では、アシカやペンギンなど他の地域に暮らす生き物も紹介。各種プログラムも要チェックです。

まだ見ぬ瀬戸内の絶景を求めて 三豊&観音寺カメラ旅

南米のウユニ塩湖のような景色が見られると話題の父母ヶ浜をはじめ、三豊《みとよ》&観音寺《かんおんじ》エリアには美しい景色が見られるスポットが点在しています。思わずシャッターを切りたくなる、カメラ旅にでかけてみませんか。

Good Location

マジックアワーが狙える、夕方の干潮時がベスト。風が少ない春から秋がおすすめ

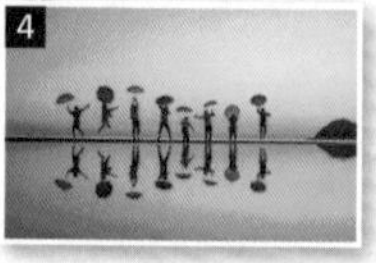

みんなでジャンプ♪

天空の世界とシンクロする瀬戸内のウユニ塩湖へ

父母ヶ浜 ちちぶがはま ‖三豊‖

瀬戸内海に面した全長1kmのロングビーチ。干潮時と日の入り時刻が重なるとき、無風のときなどの条件をクリアすれば、潮だまりに空が反射し、まるでウユニ塩湖のような絶景が広がる。日の入り30分前後は、空が青、オレンジ、紫と色を変え、ひときわロマンチック。

景勝地 ♪0875-56-5880(三豊市観光交流局) 三豊市仁尾町仁尾乙203-3 見学自由 Pあり JR詫間駅から車で15分 MAP付録① A-4

1 波を立てないように、モデルは潮だまり近くの砂浜へ 2 空の比率を増やすと開放的な雰囲気に 3 砂紋の美しさにも注目 4 小道具を用意するのもおすすめ

《撮影のポイント》

時間	干潮時の日没前後
場所	砂浜の潮だまり
撮影のコツ	水面ギリギリにカメラを構え、水平に撮影するとシルエットがキレイに♪

父母ヶ浜のベストタイムはこちらでチェック

撮影のベストタイミングは、三豊市観光交流局の公式HPで確認できます。

HP https://www.mitoyo-kanko.com/chichibugahama/

Good Location
山頂から眺める、桜×瀬戸内海の景色は息をのむほどの美しさ

春の桜と多島美が
同時に望める

紫雲出山 しうでやま ‖三豊‖

標高352mの山頂展望台から絶景を眺めるビュースポット。春には桜が山肌をピンクに染め、花見客でにぎわう。初夏に見ごろを迎えるアジサイも美しい。山頂にはカフェもある。

景勝地 ☎0875-56-5880（三豊市観光交流局）三豊市詫間町大浜 見学自由 Ｐあり JR詫間駅から車で25分 MAP付録① A-3
※桜シーズンは交通規制あり。事前に三豊市観光交流局のHPで確認

Good Location
観音寺市内や燧灘（ひうちなだ）を鳥居越しに眺められる

高台から海を見渡す
天空の鳥居

高屋神社 たかやじんじゃ ‖観音寺‖

標高404mの稲積山の頂上にある鳥居から見える景色が「まさに天空の絶景」と話題に。鳥居がある本宮へは、約50分山道を上るので歩きやすい靴で訪れたい。

神社 ☎0875-24-2150（観音寺市観光協会）観音寺市高屋町2800（高屋神社本宮）参拝自由 Ｐあり JR観音寺駅から車で20分 MAP付録① A-4
※土・日曜、祝日は入山規制あり。琴弾公園駐車場からのシャトルバスの利用を

Good Location
白砂に描かれた、巨大な銭形砂絵は圧巻の景色

パワースポットとして知られる
海に映える砂絵

琴弾公園 ことひきこうえん ‖観音寺‖

名所旧跡が点在する公園。なかでも東西122m、南北90m、周囲345mの巨大な「寛永通宝」の銭形砂絵が見どころ。砂絵を見ると長生きし、お金に不自由しないといわれている。

公園 ☎0875-24-2150（観音寺市観光協会）観音寺市有明町 入園自由 Ｐあり さぬき豊中ICから車で15分 MAP付録① A-4

瀬戸内海を見渡す絶景カフェで休憩しましょう

suns the san

サンズザサン ‖三豊‖

父母ヶ浜を眺めるカフェ。フレンチシェフ監修のクレープのほか、華やかなドリンクも楽しめる。

カフェ ☎0875-23-7316 三豊市仁尾町仁尾乙271-3 11:00〜日没 休不定休 Ｐあり JR詫間駅から車で15分 MAP付録① A-4

1ショコラ・オランジュ900円 2開放的な店内

café de flots

カフェドフロ ‖三豊‖

店内からは、父母ヶ浜の夕日が眺められる。ケーキや自家製の塩を使ったランチが好評。

カフェ ☎0875-82-4525 三豊市仁尾町仁尾乙165-1 11:30〜18:00、夜は予約制 休木、土〜日曜 Ｐあり 三豊鳥坂ICから車で20分 MAP付録① A-4

カフェラテと本日のタルトはセットで1000円

倉庫をリノベーション

三豊の「仁尾の町並み」では、昔懐かしい町並みが見られるので、写真を撮りながら歩くのも楽しいですよ。MAP付録① A-3

瀬戸大橋の西に浮かぶ小さな島 本島《ほんじま》・高見島《たかみじま》・粟島《あわしま》・志々島《しししじま》へ

**小さくてもそれぞれ独特の景観と風情をもつ4つの島。
瀬戸内の大パノラマとのんびりした島時間を楽しみながら、
島の暮らしにも触れてみませんか。**

本島ってこんなところです

かつては瀬戸大橋のまわりに浮かぶ28の島々、塩飽《しわく》諸島の中心地だった島です。その名残りである江戸時代の建造物も島のそこここに見られます。歩いても3時間半くらいで1周できる小さな島です。

本島港からは瀬戸大橋が見渡せます

瀬戸大橋の大パノラマ／遠見山展望台

江戸時代の町並みをおさんぽ

笠島まち並保存地区 かさしままちなみほぞんちく

島の北東部、笠島はかつて廻船業で栄えた人たちが多く暮らした地区。江戸から昭和初期にかけて塩飽大工が建てた約70棟の町家が保存され、美しい町並みが続く。

町並み ☎0877-27-3828（笠島まち並保存センター） 住丸亀市本島町笠島 時9:00～16:00 休月曜（祝日の場合は翌日休） ¥入館料200円 Pあり 本島港から徒歩30分 MAP付録① A-2

かつての海の政庁

塩飽勤番所跡 しわくきんばんしょあと

豊臣秀吉、徳川家康より自治を許された塩飽諸島の政治の中心地。史跡の建築は1798（寛政10）年に創建、現在は塩飽の歴史資料を展示している。

建築 ☎0877-27-3540 住丸亀市本島町泊81 時9:00～16:00 休月曜（祝日は開館、翌日休） ¥200円 Pあり 本島港から徒歩15分 MAP付録① A-2

高見島ってこんなところです

急斜面に築かれた高い石段の上に民家が建ち並び、かつては映画のロケ地にもなりました。現在は瀬戸内国際芸術祭の舞台のひとつで、アート作品が点在します。

大聖寺からは瀬戸内を一望。瀬戸大橋も見えます

急斜面に民家が並ぶ独特の景観です

■問い合わせ
多度津町政策観光課 ☎0877-33-1116

事前のチェックがおすすめです

冬期など、時期によっては休みの施設やお店もあります。訪れる前にHPや電話などでチェックしてから行きましょう。

粟島ってこんなところです

3つの島が砂州でつながったプロペラ形の島。初夏から秋にかけて、幻想的な光を放つ海ほたるが見られるほど、恵まれた自然が息づいています。

■問い合わせ
三豊市観光交流局 ☎0875-56-5880

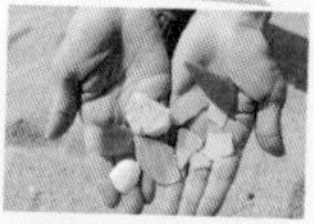
西浜海水浴場でビーチコーミング

瀬戸内海をぐるりと一望／城山山頂展望台

届かない手紙と想いが集まる郵便局

漂流郵便局

ひょうりゅうゆうびんきょく

かつての郵便局を、届け先の分からない手紙を預かってくれるアート作品に。伝えられなかった想いが全国各地から集まる。

アート
☎0875-56-5880（三豊市観光交流局）
三豊市詫間町粟島1317-2 土曜の13:00～16:00 休不定休 ¥入館料300円 Pなし 粟島港から徒歩5分 MAP付録① A-3

島のシンボル

粟島海洋記念館

あわしまかいようきねんかん

レトロな木造洋館は、1897（明治30）年に設立された日本最古の海員養成学校の校舎で、1920（大正9）年の建築。廃校後は海洋航海の資料を展示する記念館になった。

記念館 ☎0875-84-7884 三豊市詫間町粟島1541 9:00～16:00 休火曜（祝日は開館、翌日休） ¥入館無料 Pあり 粟島港から徒歩5分 MAP付録① A-3

※改修工事のため、当面の間全館立入禁止

島ランチをするなら

ル・ポール粟島

‖粟島‖ ルポールあわしま

海の駅に登録された、桟橋とレストランを備えた宿泊施設。日替わりランチのほか、夏はBBQを楽しめる。

宿泊施設 ☎0875-84-7878
三豊市詫間町粟島1418-2 レストラン11:30～13:30 休無休 Pあり 粟島港から徒歩5分 MAP付録① A-3

BBQ4000円～（予約制）

志々島ってこんなところです

パワースポットとしても知られる樹齢1200年の大楠が見守る神秘的な島。島民は20人ほどで、ゆったりとした島時間が流れます。

■問い合わせ
三豊市観光交流局
☎0875-56-5880

天空の花畑。4～6月には可憐な花が彩る

大楠近くの展望台から瀬戸内海を眺めましょう♪

粟島の「海ほたる」のシーズンは6～9月。ル・ポール粟島の宿泊者なら観察会に参加できます。

特別なステイを叶えてくれる あこがれの宿で至福のひととき

モダンな客室に瀬戸内海の魚介をふんだんに使った料理、
そしてホスピタリティあふれるあたたかなおもてなし…。
身も心も癒される宿で、贅沢なステイを楽しみましょう。

地産地消のフレンチを堪能する 全室スイートルームのホテル

オーベルジュ・ドゥ・オオイシ

‖高松‖

全5室の客室は全室スイートで、大きな窓からは瀬戸内の海景が広がる。料理は海の幸と地元野菜の持ち味を生かした、繊細で軽やかな仕上がりのフレンチ。自家製パンやフルーツいっぱいのジャム、ワインも豊富。

☎087-843-2235 ⌂高松市屋島西町65 ⌚IN15:00 OUT11:00 [休]月・火曜 [室]スイート5 [¥]ツイン44000円～※宿泊は13歳以上 [P]あり 🚶JR高松駅から車で15分 [MAP]付録① B-2

1バスルームから階段を上るとデッキテラスがある 2食事のみの利用もOK（予約制）。写真はランチ5500円～ 3リビングと寝室は独立している 4南仏のリゾートホテルを思わせる外観

瀬戸内の町家の宿に 暮らすように泊まる

瀬戸内ステイ 北浜住吉

‖高松‖せとうちステイきたはますみよし

北浜alleyP.58の一角にある一棟貸しの宿。築100年の町家を再生した、風情ある雰囲気が魅力。和室でくつろいだり、坪庭を眺めたりと、思い思いの過ごし方ができる。高松港からも近いので、瀬戸内の島めぐりの拠点としても便利。

☎087-821-1810 ⌂高松市北浜町4-14 ⌚IN15:00 OUT10:00 [室]1棟貸し（和4） [¥]1泊1棟貸し26400円～（和室） [P]あり
🚶JR高松駅から徒歩12分 [MAP]付録③ B-1

1北浜alley内にあるため、近くのカフェやショップを利用して 2落ち着きのある和の空間 3四季折々の自然が楽しめる坪庭に癒やされる

美人の湯こんぴら温泉

やさしい泉質のこんぴら温泉はなめらかで肌ざわりがよく、別名"美人の湯"と呼ばれていて女性に大人気です。

**伝統とモダンが融合した
創業400年の老舗旅館**

琴平花壇

‖琴平‖ことひらかだん

森鷗外、北原白秋など名だたる文人墨客が滞在した老舗旅館。3つの宿泊棟があり、日本の伝統建築である数寄屋造りの離れ、専有露天風呂付きの客室、掘りごたつ付きの洋室など個性豊かな客室がそろう。讃岐富士を望む大浴場やタイ古式マッサージでくつろげるスパもある。

☎0570-078857 住琴平町1241-5
時IN15:00 OUT10:00 室和22、洋7、和洋8、離れ3 ¥1泊2食付18700円～ Pあり
交JR琴平駅から徒歩15分（琴平駅から送迎あり、予約制） MAP付録① C-4

1滞在中の時間を快適に過ごせるガーデンラウンジ。バーやライブラリー、マッサージチェア、PC設備を完備 2竹林に面した檜の露天風呂で美人の湯を満喫。男女入れ替え制 3香川と四国の山海の幸をふんだんに取り入れた会席料理 4ハイクラスの専有温泉露天風呂付き特別客室が新たに誕生

**里山の自然のなかで
ぜいたくな時間を過ごす**

湯山荘 阿讃琴南

‖まんのう‖ゆざんそうあさんことなみ

阿讃山脈の懐に抱かれた山峡の湯宿。岩風呂、寝湯、深湯など多彩な露天風呂が楽しめる。客室は山の斜面に点在する9棟の里山ヒュッテをはじめ、露天風呂付の本館客室などがそろう。四季折々の自然に包まれる空間で特別なステイを。

☎0570-078857 住まんのう町勝浦1
時IN15:00 OUT11:00 室和4、洋10、和洋5、ヒュッテ9 ¥1泊2食付23100円～ Pあり
交バス停勝川橋からすぐ（JR琴平駅から送迎あり、1日1便、予約制）
MAP付録① B-4

1専有露天風呂付ツイン。開放感のある客室 2河畔風呂「せせらぎ」で、自家源泉と川音に癒やされる 3多彩な露天風呂が楽しめる 4讃岐と阿波の山海の幸を地元野菜と味わえる

オーベルジュ・ドゥ・オオイシの朝食は、瀬戸内海が一望できるテラスで、自家製パンと香川産のはちみつなどが楽しめます。

myことりっぷ

弘法大師の生誕地・善通寺エリアで 5か寺をめぐるプチお遍路体験

四国八十八か所霊場のうち、5つの霊場が集まる善通寺エリア。
お遍路はいつ、どこからスタートしても大丈夫。
まずは弘法大師が生まれた場所から、お遍路体験してみませんか。

お遍路とは…

弘法大師が修行したといわれる四国の88の霊場を参拝すること。移動手段はマイカー、自転車、徒歩と何でもOK。

1

2

3

4

5

6

1金倉寺の天井画 2般若心経を一巻唱える 3美しい善通寺の回廊 4甲山の麓に建つ甲山寺 5弘法大師の化身とされる金剛杖 6ザクロの香りの塗りお香(5g900円)、ピンバッジ各500円。金倉寺で授与される

徒歩7分　徒歩45分

72番札所

四国八十八か所で最古といわれる古刹

曼荼羅寺

まんだらじ

飛鳥時代の創建と伝わる。本堂内の天井は内陣と外陣に分かれ、宇宙を示す二十八宿の星座が描かれている。

☎0877-63-0072 住善通寺市吉原町1380-1 時境内自由 Pあり 交JR善通寺駅から車で10分 MAP付録① A-3

境内には弘法大師坐像が残る

73番札所

幼い弘法大師が仏道に入ることを決めた場所

出釈迦寺

しゅっしゃかじ

大師が発心し、断崖から身を投げた伝説の地を奥の院として祀る。本堂近くの遥拝所からの参拝も可能。

☎0877-63-0073 住善通寺市吉原町1091 時境内自由 Pあり 交JR善通寺駅から車で10分 MAP付録① A-3

奥の院までは約2km

74番札所

境内の裏にある岩窟も見逃さないで

甲山寺

こうやまじ

弘法大師がお告げを聞き、岩を刻んで毘沙門天を祀ったのが開基。のちに大師自作の薬師如来像を本尊にした。

☎0877-63-0074 住善通寺市弘田町1765-1 時境内自由 Pあり 交JR善通寺駅から車で10分 MAP付録① A-3

檜の一本造りの本尊を祀る本堂

ぐるっと回って **7時間**

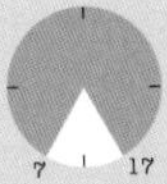

おすすめの時間帯

JR善通寺駅にはレンタサイクルもあるので、自転車（1日200～600円）でめぐるのも◎。1か所の霊場の参拝時間は約30分。納経所が開いている7時～17時までに訪れましょう。

絵本作家・荒井良二さんの絵馬

紹介している5つの寺と五岳山のオリジナル絵馬500円。かわいい絵柄が人気です。

1春には桜が彩る善通寺 2御朱印を納経帳に授かる。納経料500円 3我拝師山を背に、出釈迦寺で弘法大師像が立つ 4善通寺・東院に立つ大楠は、弘法大師生誕の時から繁茂していたと伝わる

徒歩30分

弘法大師生誕地に建つ
真言宗善通寺派の総本山

75番札所

善通寺

ぜんつうじ

シンボル的存在の五重塔

約4万5000㎡の敷地は、創建以来の寺域である東院と、大師が生まれた佐伯家の邸宅跡の西院で構成。

☎0877-62-0111 ⌂善通寺市善通寺町3-3-1 ⓛ境内自由、戒壇めぐり・宝物館は8:00～16:30 休宝物館は展示替え期間中休み ¥宝物館拝観料500円 Pあり 🚶JR善通寺駅から徒歩20分 MAP付録① A-3

徒歩1時間

子授・安産の神様
「おかるてんさん」を祀る

76番札所

金倉寺

こんぞうじ

女性守護の神・訶《か》利《り》帝《てい》母《も》尊が、日本で最初に降臨した地と伝わる。地元では「おかるてんさん」の愛称で親しまれる。

☎0877-62-0845 ⌂善通寺市金蔵寺町1160 ⓛ境内自由 Pあり 🚶JR金蔵寺駅から徒歩10分 MAP付録① A-3

毎月16日に訶利帝堂が開放され参拝できる

こちらにヨリミチ

熊岡菓子店

くまおかかしてん

善通寺の門前に建つ。小麦粉と砂糖を練り上げて焼く堅パンは、並ではない固さが特徴。

☎0877-62-2644 ⌂善通寺市善通寺町3-4-11 ⓛ9:00～16:00 休火曜、第3水曜（いずれも祝日の場合は営業） Pあり 🚶JR善通寺駅から徒歩20分 MAP付録① A-3

大正時代のレトロな木造店舗

堅パンは全5種類。1枚20～300円

偕行社かふぇ

かいこうしゃかふぇ

旧善通寺偕行社に併設するカフェ。レトロな洋館で軽食やスイーツが楽しめる。

☎0877-62-4906 ⌂善通寺市文京町2-1-1 ⓛ8:30～17:00（夜は予約制） 休水曜（祝日の場合は営業） Pあり 🚶JR善通寺駅から徒歩3分 MAP付録① A-3

焼きたて夢ドーナツ830円。ドリンク付き

開放的なテラス席もある

善通寺には宿坊があり、お遍路以外での宿泊もOK。貴重な朝のお勤め体験にも参加してくださいね。

香川への旅は、まず高松をめざしましょう

移動だって旅の一部。だからこそ快適にスムーズに移動手段をチョイスしたいもの。まずは香川県の陸の玄関口であるJR高松駅、空路の玄関口である高松空港をめざしましょう。

各地から高松へ

新幹線なら岡山駅で乗り換え
飛行機なら高松空港からリムジンバスで

県外から香川へ向かう場合、JR高松駅を起点にすると便利です。
本州の各方面からは新幹線などで岡山駅へ向かい、快速マリンライナーに乗り換えます。
東京からなら飛行機が早くて快適です。

どこへ？	なにで？	ルート	所要時間	ねだん
大阪から		**新大阪駅**→新幹線のぞみ・みずほ（一部さくら・ひかり）→**岡山駅**→JR快速マリンライナー（自由席）→**高松駅**	1時間45分～2時間15分	8210円（のぞみ・みずほ利用）
		なんば高速バスターミナル→フットバス（大阪うどん線）→**高松駅高速バスターミナル**	3時間35分～4時間5分	4500円
		大阪駅JR高速バスターミナル→西日本JRバスほか「高松エクスプレス大阪号」→**高松駅高速バスターミナル**	3時間40～50分	4500円
		中国吹田IC→中国道～阪神高速～神戸淡路鳴門道～高松道→**高松中央IC**	2時間20分	9770円
東京から		**羽田空港**→ANA・JAL→**高松空港**→リムジンバス→**高松駅**	2時間25分	39430円（JAL）
		東京駅→新幹線のぞみ→**岡山駅**→JR快速マリンライナー（自由席）→**高松駅**	4時間10～40分	18750円
		バスターミナル東京八重洲→琴平バス→**高松駅高速バスターミナル**	11時間35分	7900～12900円（スーパーシート）
名古屋から		**名古屋駅**→新幹線のぞみ（一部ひかり）→**岡山駅**→JR快速マリンライナー（自由席）→**高松駅**	2時間35分～3時間	12700円（のぞみ利用）
		名古屋駅新幹線口→JR東海バスほか「オリーブ松山号」（松山行き）→**高松駅高速バスターミナル**	7時間40分	5600～9000円
広島から		**広島駅**→新幹線のぞみ・みずほ（一部さくら・こだま）→**岡山駅**→JR快速マリンライナー（自由席）→**高松駅**	1時間35分～2時間30分	7770円（のぞみ・みずほ利用）
		広島駅新幹線口→中国JRバスほか「高松エクスプレス広島号」→**高松駅高速バスターミナル**	3時間35分	4500円
福岡から		**博多駅**→新幹線のぞみ・みずほ（一部さくら）→**岡山駅**→JR快速マリンライナー（自由席）→**高松駅**	2時間45分～3時間10分	14570円（のぞみ・みずほ利用）
札幌から		**新千歳空港**→ANA・JAL・SKY・ADO→**羽田空港**→ANA・JAL→**高松空港**→リムジンバス→**高松駅**	4時間40分～5時間35分	56230円（JAL乗継運賃）

※高松空港への飛行機はほかに成田空港発のJJP便と那覇空港発のANA便があります。

マークの説明　新幹線　その他の鉄道　バス　飛行機　車

大阪・岡山から琴平へ

琴平へは、新幹線などで岡山駅へ向かい、JR特急南風に乗り換えます。

どこから？	なにで？	ルート	所要時間	ねだん
大阪から		**新大阪駅**→新幹線のぞみ・みずほ→**岡山駅**→JR特急南風（自由席）→**琴平駅**	1時間55分～2時間10分	9370円
		中国吹田IC→中国道～山陽道～瀬戸中央道～高松道→**善通寺IC**	2時間40分	8470円
岡山から		**岡山駅**→JR特急南風（自由席）→**琴平駅**	55分～1時間10分	2650円

高松空港から高松・琴平へ

どこから？	なにで？	ルート	所要時間	ねだん
高松空港から		**高松空港**→ことでんバス→**高松駅**	50分	1000円
		高松空港→琴空《きんくう》バス→**琴平駅**	53分	2000円

JR西日本お客様センター…　0570-00-2486
JR東海テレフォンセンター …　050-3772-3910
JR四国電話案内センター…　0570-00-4592
南海高速バスセンター …　06-6643-1007
西日本JRバス電話予約センター…　0570-00-2424
フットバス（神戸）……　078-333-8888
JR東海バス（高速バス予約）…　0570-04-8939
中国JRバス電話予約センター …　0570-666-012
琴平バス予約センター…　050-3537-5678

※記載のデータは2024年2月現在のものです。鉄道や飛行機のねだんは、特に記載がなければ通常期の普通車指定席・普通席利用の合計額（鉄道で新幹線・特急を利用しない場合は普通運賃のみ、飛行機は旅客施設使用料を含む通常期のフレックス普通席タイプB運賃）、車のねだんは普通車の高速道路通行料金（ETCを使用しない一般料金）です。

ANA（全日空）……　0570-029-222
JAL（日本航空）……　0570-025-071
SKY（スカイマーク）‥　0570-039-283
ADO（エア・ドゥ）（札幌）…　011-707-1122
JJP（ジェットスター・ジャパン）‥　0570-550-538
琴電（琴平電鉄）運転営業所‥　087-831-6008
ことでんバス………　087-821-3033
琴空バス…………　0877-75-2920

高松空港からJR高松駅までのリムジンバスは、JRホテルクレメント高松にも立ち寄ります。

おもな観光スポットへのアクセス

高松駅と高松港を中心に観光スポットや島へのアクセスを分かりやすくMAPで紹介します。季節運航の船もありますので、事前に確認しておきましょう。

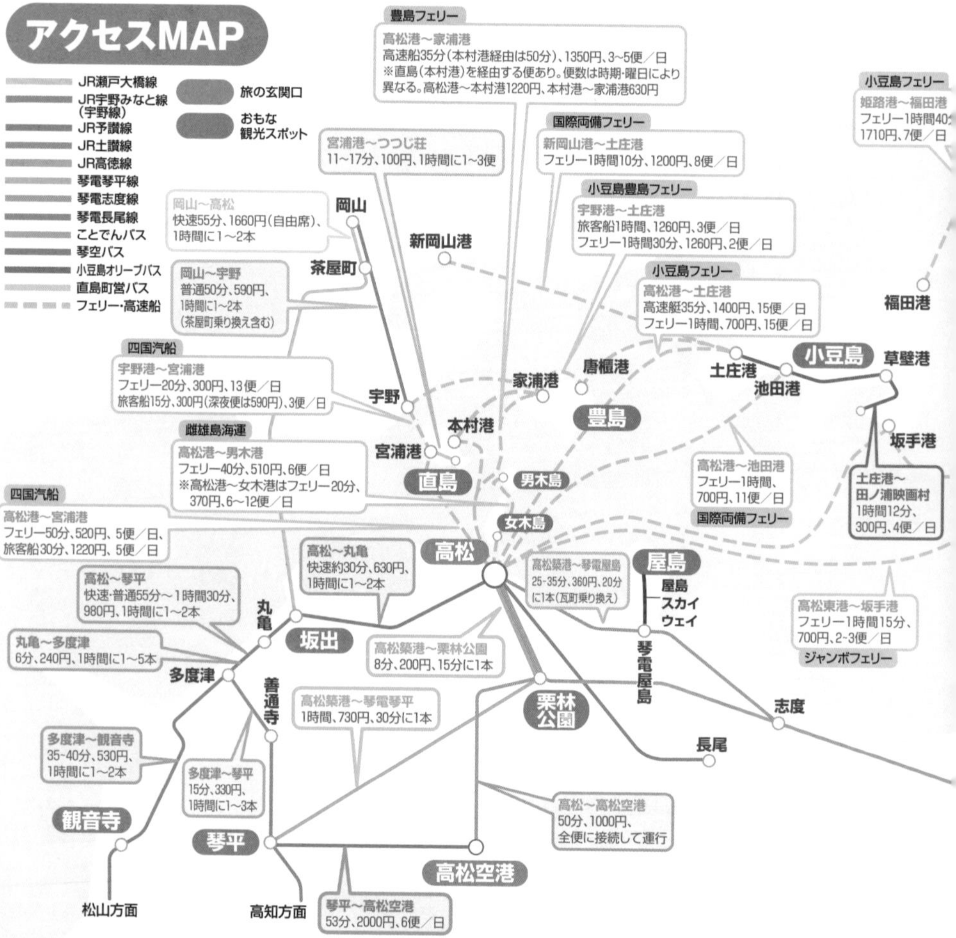

※所要時間及び運転本数は、変動する場合があります。詳細は公式HPで確認を

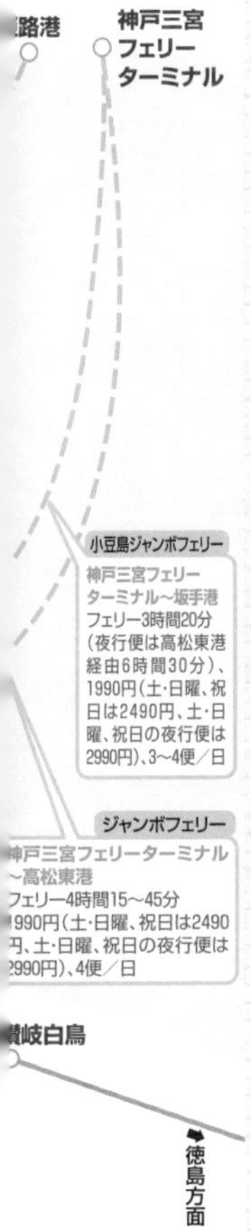

帰りの船の時刻は忘れずチェックを

島へ行く際には最終便を逃してしまうと、翌日まで島から出られなくなるため、必ず帰りの船の時刻は事前に確認しておきましょう。

ドライブなら東西に走る高松道を利用しましょう

香川県内のメインルートは高松道。東は東かがわ市から、西は観音寺市まで香川の全市を結んでいます。高松市街と小豆島へは高松中央IC、琴平方面へは善通寺ICの利用が便利です。

JRとレンタカーを活用するならレール&レンタカーきっぷが便利

旅の玄関口まではJRで移動して、到着後は駅レンタカーで気ままに観光スポットめぐりというおトクな楽しみ方ができるJRの割引きっぷ「レール&レンタカーきっぷ」。駅のみどりの窓口やおもな旅行会社で発売。

おもな発売条件はこちら

- JRを片道・往復・連続で201km以上利用する
- 最初にJR線を利用し、出発駅から駅レンタカー所在駅まで最短経路で101km以上離れている
- JR線と駅レンタカーの利用行程が連続している
- JR券と事前にインターネットで予約した駅レンタカー券を同時に購入すること
- 4月27日から5月6日、8月10日から19日、12月28日から1月6日はJRの割引適用がない

「ことでん」とJRのフリー区間が乗り降り自由「ことでん・JRくるり～んきっぷ」

ことでん全線とJRフリー区間の普通列車普通車自由席が1日乗り降り自由になる「ことでん・JRくるり～んきっぷ」は2200円。JR四国の高松駅やことでん瓦町駅などで販売。

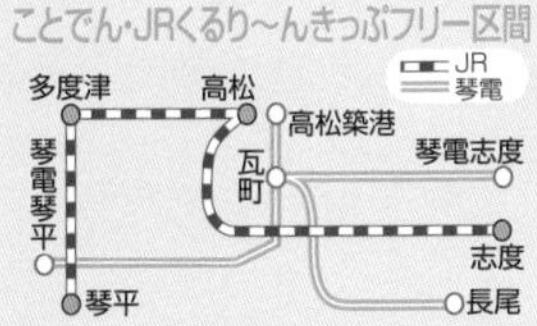

香川だけでなく四国全県で使える「四国フリーきっぷ」

瀬戸大橋線宇多津駅～児島駅を含むJR四国全線の特急列車普通車自由席に乗り放題。加えて土佐くろしお鉄道の窪川駅～若井駅も利用できる。連続3日間有効で18000円。

※ほかに、JR四国バスの指定区間にも乗れます。

降水量が少なく大きな河川もない香川では、ドライブをしていると灌漑用のための池をよく目にします。

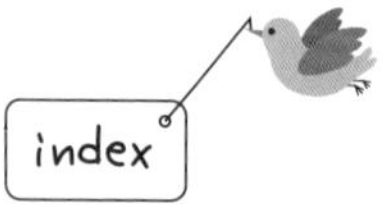
index

◎みどころ Ⓡレストラン Ⓒカフェ Ⓢショップ Ⓗホテル ♨温泉

ことりっぷ co-Trip

香川
小豆島・アートな島々

STAFF
●編集
ことりっぷ編集部
フォレスト(井手口陽子、橘春花)
●取材・執筆
フォレスト(井手口陽子、橘春花)、梅原真希
●撮影
フォレスト(森昌史)
昭文社(保志俊平)
PIXTA
●表紙デザイン
GRiD
●フォーマットデザイン
GRiD
●キャラクターイラスト
スズキトモコ
●本文デザイン
GRiD、ARENSKI
●帯写真
フォレスト(森昌史)
●DTP制作
明昌堂
●地図制作協力
エムズワークス
●校正
田川企画
アイドマ編集室(外岡実)
●協力
関係各市町観光課・観光協会
関係諸施設

2024年5月1日　3版1刷発行

発行人　川村哲也
発行所　昭文社
本社：〒102-8238 東京都千代田区麹町3-1
☎0570-002060(ナビダイヤル)
IP電話などをご利用の場合は☎03-3556-8132
※平日9:00～17:00(年末年始、弊社休業日を除く)

ホームページ:https://sp-mapple.jp/

●掲載データは、2024年1～3月の時点のものです。変更される場合がありますので、ご利用の際は事前にご確認ください。消費税の見直しにより各種料金が変更される可能性があります。そのため施設により税別で料金を表示している場合があります。なお、感染症に対する各施設の対応・対策により、営業日や営業時間、開業予定日、公共交通機関に変更が生じる可能性があります。おでかけになる際は、あらかじめ各イベントや施設の公式ホームページ、また各自治体のホームページなどで最新の情報をご確認ください。また、本書で掲載された内容により生じたトラブルや損害等については、弊社では補償いたしかねますので、あらかじめご了承のうえ、ご利用ください。
●電話番号は、各施設の問い合わせ用番号のため、現地の番号ではない場合があります。カーナビ等での位置検索では、実際とは異なる場所を示す場合がありますので、ご注意ください。
●料金について、入場料などは、大人料金を基本にしています。
●開館時間・営業時間は、入館締切までの時刻、またはラストオーダーまでの時刻を基本にしています。
●休業日については、定休日のみを表示し、臨時休業、お盆や年末年始の休みは除いています。
●宿泊料金は、基本、オフシーズンの平日に客室を2名1室で利用した場合の1人あたりの料金から表示しています。ただし、ホテルによっては1部屋の室料を表示しているところもあります。
●交通は、主要手段と目安の所要時間を表示しています。ICカード利用時には運賃・料金が異なる場合があります。
●本書掲載の地図について
測量法に基づく国土地理院長承認(使用)
R 5JHs 14-156150　R 5JHs 15-156150
R 5JHs 16-156150　R 5JHs 17-156150
R 5JHs 18-156150

ISBN 978-4-398-15615-0
定価は表紙に表示してあります。